旧海关档案中的
浙江记忆

Zhejiang Memory
in Old Customs Archives

浙江省档案馆 编

国家图书馆出版社

图书在版编目（CIP）数据

旧海关档案中的浙江记忆 / 浙江省档案馆编 . — 北京 : 国家图书馆出版社 , 2020.12
ISBN 978-7-5013-7078-8

Ⅰ . ①旧… Ⅱ . ①浙… Ⅲ . ①海关 – 史料 – 浙江 – 近代 Ⅳ . ① F752.59

中国版本图书馆 CIP 数据核字 (2020) 第 231767 号

书　　名　旧海关档案中的浙江记忆
著　　者　浙江省档案馆　编
责任编辑　于 浩
封面设计　李 顺

出版发行　国家图书馆出版社（北京市西城区文津街 7 号 100034 ）
　　　　　　（原书目文献出版社　北京图书馆出版社）
　　　　　 010-66114536　63802249　nlcpress@nlc.cn（邮购）
网　　址　http://www.nlcpress.com
印　　装　北京金康利印刷有限公司
版次印次　2020 年 12 月第 1 版　2020 年 12 月第 1 次印刷

开　　本　889×1194（毫米）　1/16
印　　张　10.25
书　　号　ISBN 978-7-5013-7078-8
定　　价　200.00 元

本书编委会

主　编

李　波

副主编

张明决

执行主编

陈慧瑛

编　辑

白　斌　阮发俊

翻　译

赵　伐

目　录

1

西风东渐
海关与近代浙江对外贸易

2

润物无声
海关与近代浙江社会变迁

走向世界

海关与近代浙江对外形象

序 Preface

近代中国海关史，即中国海关实行外籍税务司制度的历史，从 1859 年英国人李泰国就任中国海关总税务司算起，至 1949 年中华人民共和国成立，经历整整 90 年。毋庸讳言，中国近代海关制度的建立伴随着中国主权的沦丧、民族的屈辱和人民的苦痛，是帝国主义侵略的直接产物，其活动加速了中国的半殖民地化，同时为扩大其在华势力和利益，引进了一些比较先进的管理制度。

近代中国海关系统在其历史发展过程中产生了大量的档案及资料。浙江省档案馆现存旧中国浙海关、瓯海关、杭州关档案共计 3500 余卷，系统而又全面地记载了近代浙江沿海对外贸易的详细情况，是研究近代浙江政治、经济、文化、社会乃至民俗风情等诸多领域不可多得的珍贵史料。

一直以来，浙江省档案馆十分重视馆藏旧海关档案的整理和利用。编撰《旧海关档案中的浙江记忆》，旨在通过旧海关档案的视角，梳理展示近现代浙江经济社会变迁等多个领域的历史面貌，以期对相关领域的研究者和对近现代浙江海关历史感兴趣的读者提供了解相关内容的丰富的第一手资料。

档案是联系过去、现在和未来的重要纽带。透过旧中国海关在发展过程中所形成的档案，我们能够穿梭于时光隧道之中，前往特定的时间节点去重温已经定格的历史符号，可以沿着时空坐标追溯历史事件产生、发展和留给后世的影响的过程。

是为序。

浙江省档案馆馆长　李波

2020 年 12 月

旧海关档案中的浙江记忆

The modern Chinese maritime customs, run by a foreign commissioners' system, has a history of 90 years, starting from the time when the British Horatia Nelson Lay (1833–1898) became the Inspector General of Customs in 1859, to the founding of the People's Republic of China in 1949. Needless to say, the establishment of that system was accompanied by the loss of China's sovereignty, national humiliation and people's sufferings. It was the direct product of imperialist aggression, and its activities accelerated China's semi-colonization. At the same time, it had introduced some advanced management systems to expand its power and interests in China.

During its historical development, the Chinese maritime customs produced a large amount of files and documents. For example, there are more than 3500 volumes from the Custom Houses of Ningpo, Wenchow and Hangchow, now stored up in Zhejiang Archives. These files and documents systematically and comprehensively record the detailed situation of foreign trade at the ports of modern Zhejiang. They are the invaluable historical data for the research in many areas such as politics, economy, culture, society and even folk customs of modern Zhejiang.

Zhejiang Provincial Archives has always paid great attention to the organization and utilization of the old customs archives. The purpose of compiling *Zhejiang Memory in Old Customs Archives* is to sort out and display, through those archives, the historical features in various areas such as the economic development, social changes in modern Zhejiang. This book is expected to offer rich and first-hand materials to the researchers and readers who are interested in the history of modern Zhejiang maritime customs.

Archives are an important link between the past, present and future. With the help of the archives produced by the old Chinese maritime customs in its operation, we can go back, as if through a time tunnel, to a specific era to review the engraved historical symbols, and to trace the historical events from their generation, development, to their impact on posterity.

Li Bo

Director of Zhejiang Provincial Archives

December, 2020

序 **Preface**

二

　　1840 年鸦片战争后，中国开放上海等五个沿海口岸从事对外贸易，传统的以中国为主的朝贡贸易体制，转变为以西方国家为主的条约贸易体制。在各口岸开放初期，传统中国的海关与贸易管理方式，面对西方商品的进出口和关税征收产生的问题，逐渐凸显出来。在西方国家的压力下，晚清政府许可各沿海口岸设立新式海关，从事外商货物进出口管理与征税工作，并最终由海关总税务司署统一管理。早期的各海关税务司及主要职员均由外国人担任，其内部运行基本照搬西方海关的运行模式。在职能上，新式海关除了进出口商品货物的征税与缉私工作外，其业务还包括港口建设、航运、卫生检疫、邮政、市政建设等诸多方面。近代中国很多新事物的出现都有海关的身影，其中最具有代表性的就是博览会，晚清中国参加的各类世界博览会基本都是由海关承办的。在近代新式海关的运行过程中，海关内部对进出口贸易形成了一整套完整的统计流程和数据。海关贸易报告除了贸易、税收、商品等内容外，还涉及各口岸的地理、气候、政治、经济、人口、航运、教育、医疗等诸多内容，再加上海关定期出版的专题著作与文献，共同构成了近代中国社会变迁的完整画面。因此，对于近代中国历史发展的研究，都无法忽视这一时期海关档案的基础文献价值。

　　相对新中国成立后的新海关而言，晚清时期成立的海关被称为"旧海关"，其保存至今的海关档案被统称为"旧海关档案"。到目前为止，国内已经整理和出版了诸多旧海关档案的整理汇编和研究成果，但对海关档案的利用仍处于起步阶段，很多地方档案馆保存的档案仍未得到系统的梳理。"旧海关档案"是了解近代中国，特别是中国沿海、沿边区域变化的重要文献，通过对文献的梳理也可以看到区域政治、经济与社会变迁的历史脉络。

　　浙江有着漫长而曲折的海岸线，它是南下北上、由海入江黄金水道之所经，我国南来北往、东西交叉海上贸易路线的重要一段，又邻近世界著名之渔场，更是中国国土安全的重要屏障。浙江省档案馆编撰的《旧海关档案中的浙江记忆》，是一部通过海关文献的视角来看待近代浙江从传统向现代转变历程的著作。该书以浙江省档案馆所藏浙江海关档案为主要史料，运用较为通俗的语言，结合大量图片资料，采用图文并茂的编纂方式，通过三个部分展现了近代浙江面对鸦片战争后"中国未有之大变局"，从被迫应对到主动融合与革新的历程。这段历程不仅是浙江所不能忽视的历史记忆，也是近代中国从传统到现代的一个缩影。因此，浙江省档案馆对馆藏海关档案的整理和利用，在保护历史文献的同时，也让更多的人了解"旧海关档案"的价值。

　　是为序。

复旦大学中国历史地理研究所　吴松弟

2020 年 12 月

After the Opium War in 1840, China opened Shanghai and other four coastal cities for foreign trade. Since then, the Chinese traditional tributary trade system had to be replaced by the treaty trade system dominated by Western powers. At the beginning, China's old trade mode and its customs offices at those treaty ports proved more and more inadequate to facilitate the import/export of Western goods and their taxation. Under the pressure of the Western powers, the Qing government agreed to have the "New Customs" set up at those ports and placed them under the unified administration of Inspectorate General of Customs. Initially, foreigners were appointed to be the commissioners and chief staff of the new customs houses (also called maritime customs) whose operation basically duplicated that of the Western customs. Apart from levying taxes on the import/export goods and preventing smuggling, the functions of the new customs extended to such areas as port construction, navigation, health and quarantine, postal service and urban construction. In modern China, the emergence of many new things can be attributed to the new customs, the most typical example being China's participating in universal exhibitions. During the late Qing dynasty, almost all the world exhibitions that China participated in were organized by the customs. While in its operation, the new customs formed a complete set of statistical procedures and produced such documents as trade reports and returns for the import/export trade. In addition to the contents of trade, taxation, commodities, etc., the trade reports also cover the geography, climate, politics, economy, population, shipping, education, medical treatment and many other contents of each port. Those files, plus the monographs and documents published regularly by the customs, constitute a complete picture of the social changes in modern China. Therefore, in researching on the historical development of modern China, we shouldn't ignore the fundamental value of customs archives in that period.

Compared with the new customs after the founding of New China, the customs established in the late Qing dynasty are called the "old customs",

旧海关档案中的浙江记忆

and their files and documents preserved to this day are collectively called the "old customs archives". Up to now, many old customs archives have been compiled and published in China, but the use of them is still in the preliminary stage, and many other files and documents kept by some local archives have not yet been systematically sorted out. The old customs archives are an important source for understanding modern China, especially the changes in China's coastal and border regions. By sorting out and organizing those archives, we can also see the historical context of regional political, economic and social changes.

With a long and winding coastline, Zhejiang occupies an important section of China's trade route that goes from the south to the north and from the seas to the rivers. It is also close to the world-renowned fishing grounds, and most importantly, an important barrier for national security. *Zhejiang Memory in Old Customs Archives*, compiled by Zhejiang Provincial Archives, is a book that looks at the transition from tradition to modernity in modern Zhejiang from the perspective of customs archives. Based on the customs files collected by Zhejiang Provincial Archives as the main historical materials, and using relatively easy-to-read language combined with a large number of pictures, the book displays in three parts how modern Zhejiang faced China's unprecedented changes, and first responded passively, then engaged itself actively and innovatively with those changes. This part of history is not only a historical memory that Zhejiang cannot ignore, but also a microcosm of modern China from tradition to modernity. We can say that, in organizing and utilizing the customs archives, Zhejiang Provincial Archives has not only preserved the historical literature, but also done a great thing in helping more people understand the value of "old customs archives".

Wu Songdi

Institute of Chinese Historical Geography, Fudan University

December, 2020

引言：
近代浙江海关的历史渊源

　　唐代以前，由于技术的限制和经济发展的阶段性，中国江南地区的对外贸易还处于零星发展阶段，当时的海洋贸易主要集中在中国的北方地区。唐代以降，随着中国北方人口的南迁和江南经济的开发，特别是江南运河与浙东运河的疏凿与拓宽，浙江的对外贸易逐渐繁荣，对外经济与文化交流也日益频繁。基于此，政府开始逐渐加强对浙江进出口货物与人员的管理。

　　北宋初年，庞大的对外贸易活动促使朝廷在杭州设立两浙路市舶司及所属的杭州市舶司，以便管理从海上进出江南地区的货物与船只，并征收关税，执行贸易禁令等任务。北宋时期，两浙路市舶司管理的范围非常大，包括了现在的浙江、江苏的长江以南部分及福建部分区域。咸平二年（999年），朝廷为加强船只与关税管理，又下令两浙路市舶司在明州（今宁波）设置市舶司，管理进出口的船只与货物。此后，秀州（今嘉兴）、温州和江阴军也先后附设市舶机构，管理海洋贸易事宜。[1]

　　元代，开放性的海洋政策使得浙江的对外经济与文化交流达到新的高度。元世祖至元十四年（1277年），朝廷在庆元（今宁波）、泉州、上海、澉浦等地设立市舶司。至元二十一年（1284 年），朝廷设市舶都转运司于杭州。后加上温州，在今浙江境内共有 4 处市舶司，为历史上市舶司数量最多的时期。[2] 元代市舶司职责相比宋代有所扩大，主要是对进口船舶和货物征税、征购、储运船货，稽查违禁物品，接待外国客商及管理官方船只贸易。元代市舶司官员均为专职，品秩较高，每司设提举 2 员，从五品；同提举 2 员，从六品；副提举 2 员，从七品；知事 1 员。[3]

明代初期，浙江的海关机构经过多次变革，最终只保留位于宁波的浙江市舶提举司。明代宁波港成为浙江对外贸易的唯一港口，也是日本朝贡贸易的指定港口，浙江市舶提举司也因此成为浙江对外贸易的唯一管理机构。浙江市舶提举司在定海（今镇海）、澉浦、乍浦、临海、温州等地设有征榷关卡，其主要职能是接待日本贡使及其随员；按勘合文凭（即明朝政府颁发的允许日本来华贸易的文书凭证）查验进出船只和货物，控制国内商人私自出海贸易；对日本货物的当地交易进行监督。浙江市舶提举司设提举 1 员，从五品；副提举 2 员，从六品；吏目 1 员，从九品。[4]

清初实行"海禁"，浙江的对外贸易和中外交往被迫中断。康熙二十四年（1685 年），清政府开禁后，在宁波设立浙海关，管理浙江对外贸易事务。康熙三十七年（1698 年），清政府在浙海关下设立红毛馆，用于外籍海员和商人临时居住。清代前期，浙海关下设温州、瑞安、平阳等口 15 处。浙海关"设监督，满汉各一笔帖式，期年而代"，[5] 其主要职责是对进出港船只、人员和货物进行管理，包括发放和检查进出宁波港各种船只的执照、缉私查禁和征收关税。乾隆二十二年（1757 年），清廷为限制英国等西方国家来华贸易，下令外国商船只能到广州一地贸易，浙海关管理进口贸易的职能消失，设在定海的红毛馆及海关衙署被关闭。之后，浙江的对外进出口商品均需要从广州中转，浙海关只受理国内商船的进出贸易业务。

1840 年中英第一次鸦片战争爆发，1842 年《南京条约》签订，浙江的宁波成为五个通商口岸之一，具有了直接对外贸易的资格。1844 年，浙海关恢复了管理进出口贸易的职能，浙江海关发展史翻开了新的一页。

1　[宋]胡榘，[宋]罗濬纂修：《四明志》卷六，《续修四库全书·史部·地理类》（第 705 册），上海：上海古籍出版社，2002 年版，第 78 页。

2　[明]宋濂等撰：《元史》卷九四《食货志二》，北京：中华书局，1976 年版，第 2401—2402 页。

3　[明]宋濂等撰：《元史》卷九一《百官志七》，北京：中华书局，1976 年版，第 2315 页。

4　[清]张廷玉等撰：《明史》卷七五《职官志四》，北京：中华书局，1974 年版，第 1848 页。

5　[清]赵尔巽等撰：《清史稿》卷一二五《食货志六》，北京：中华书局，1976 年版，第 3675 页。

1

西风东渐

海关与近代浙江对外贸易

1

西风东渐

Western Influence on the East

海关与近代浙江对外贸易

随着大航海时代和地理大发现的到来，西方殖民者以欧洲为中心逐渐向非洲和美洲扩张。在探索远东航线的过程中，中东、南亚和东南亚逐渐沦为欧洲国家的殖民地，以西方为中心的现代政治、经济、科技、文化等也逐步向全球扩散。

浙江最早和西方国家的接触应该是在宋元时期，当时不少西方商人随着贸易线路来到中国经商，有部分人曾经到过浙江，这些经历在目前欧洲所保留下来的各种文献中有若干记载，比如来自意大利的马可·波罗（Marco Polo，1254—1324）和鄂多立克（Odoric，约1286—1331）。明时期，

With the advent of the great navigation era and geographical discoveries, Western colonists, originally centering on Europe, gradually expanded to Africa and America. In the process of exploring the route to the Far East, the European powers colonized the Middle East, South Asia and Southeast Asia, and the modern Eurocentric politics, economy, sci-tech and culture have gradually spread to the entire world.

The earliest contacts between Zhejiang and Western countries were during the Song (960–1279) and Yuan (1271–1368) dynasties, when many Western businessmen, following the trade

浙海关以中文书写的基层税单

西方一些具有冒险精神的商人沿着中国海岸线从广东北上福建和浙江，与中国商人一起从事国际贸易活动。不过，由于明朝政府的海禁政策与朝贡贸易政策，这些活动在当时都属于非法走私。在经历一系列的军事碰撞后，明政府为稳定东南沿海秩序，有限开放海洋贸易，西方商人在浙江沿海拥有合法贸易权利的同时也带来了许多西方的信息。通过当时的来华传教士，中国初步接触到西方的现代科学技术与宗教知识。这一时期比较有代表性的人物为利玛窦（Matteo Ricci，1552—1610）和卫匡国（Martino Martini，1614—1661）。

routes, came to China to do business. Some, such as Marco Polo (1254–1324) and Odoric Mattiussi (c. 1286–1331) from Italy, had been to Zhejiang, according to the sporadic records in various documents preserved in Europe. During the Ming Dynasty (1368–1644), some merchants from the West ventured from Guangdong to Fujian and Zhejiang along China's coastline to engage in international trade with Chinese merchants. However, those activities were treated as illegal smuggling at that time due to the Ming government's maritime prohibition policy and tributary trade policy. After a series

不过，随着改朝换代及清政府海洋政策的收缩，中国与西方之间的文化交流逐渐减少，一般士大夫已经很少去关注西方的信息。

在中国的统治阶层满足于"天朝上国"的同时，西方国家经过百余年的发展，已经开始陆续进入到工业化的阶段，政治、经济、科技和文化的发展都已超过当时的中国。随着国力对比互换以及西方主导全球化时代的到来，以英国为首的西方国家通过战争方式打开了中国的大门。以军事

浙海关以英文书写的文件

of military collisions, having stabilized the order in the southeast coast, the Ming government opened up maritime trade to a limited extent. Since then, Western merchants had legal rights to trade along the coast of Zhejiang, and they also brought a lot of information about the West. Through the missionaries in the country at that time, China was initially exposed to the modern science, technology and religious knowledge from the West. The representative figures of that period were Matteo Ricci (1552–1610) and Wei Kuangguo (Martino Martini, 1614–1660). However, with the change of dynasties and the Qing government's tightening of its maritime policy, cultural exchanges between China and the West gradually decreased, and ordinary scholar-officials paid little attention to the information from the West.

While China's ruling class was complacent about its "Heavenly Kingdom", the Western countries, after more than a hundred years of development, began to step onto the stage of industrialization one after another, and surpassed China in their development of politics, economy, sci-tech and culture. With the shift of state power and the coming of Western-led globalization, Western powers, headed by the U.K., forced open the door of China through war. Backed up by military means, they began to influence the development of modern China through economic

手段为后盾，西方国家通过经济倾销和文化渗透的方式开始影响近代中国的发展。在全球文明发展史上，由欧美国家主导的西方文明开始大规模输入到中国，所谓的"西风东渐"就是从这一时期开始的。

随着中国国门被迫打开，浙江沿海的宁波、温州和杭州亦先后开埠。面对西方主导的经济、贸易与文化体系，浙江的社会各阶层经历了从最初的抗争到被动去适应这一时代的变化。西方文明对浙江的影响首先就是从教育与医学知识的传播开始的，这也是最具有实用性、传统中国人抵触最少的领域。随着浙江沿海港口的开放，大批传教士纷纷前来浙江开办新式学堂和新式医院，并以此拓展教会的影响力。在传播新式教育与医学知识的过程中，不同层次的浙江人开始逐渐接触并了解西方人及其科学知识。"外国人"这一模糊的概念随着大量西方商人和传教士涌入沿海港口，并时不时地在周围出现而变得更加立体鲜活起来。相比浙江内地，宁波、温州和杭州等地居民最先接触到西方的先进技术与贸易方式。随着新式海关的建立，一大批外国人被聘任为海关职员，西方的海关管理方式和统计方法逐渐被政府部门所接受。在商业领域，西方商品进入到浙江市场，传统的浙江商人发现了其中的商机。他们在经营土货贸易的同时，开始从事进口商品的买卖，部分人成为国外商品销售的代理商，被称为"买办"。无论是"买

dumping and cultural infiltration. In the history of world civilization, Western culture, dominated by European and American countries, began to be imported into China on a large scale, and the so-called "Western Influence on the East" started from this period.

As China was forced to open its door, Ningbo, Wenzhou and Hangzhou, the coastal cities in Zhejiang, opened their ports one after another. Facing the economic, trade and cultural system dominated by the West, different social classes in Zhejiang experienced a change from initial resistance to passive adaptation to the changes of the era. The influence of Western civilization on Zhejiang first began with the dissemination of educational and medical knowledge, which was the most practical area where the traditional Chinese had the least resistance. With the opening of coastal ports in Zhejiang, a large number of missionaries came to the place to open new-style schools and hospitals and to expand the influence of the church. In the process of dissemination of new-style educational and medical knowledge, people from different classes began to contact with and understand Westerners and their scientific knowledge. The vague concept of "foreigners" became more vivid as more Western businessmen and missionaries entered coastal ports and moved around from time to time. People in Ningbo, Wenzhou and

办"还是传统商人，在经济变局的背景下，他们最先抓住机遇实现了财富的增长。这些财富在之后的几十年中，伴随着浙江的早期工业化进程，逐步投入到实业发展和文化教育等领域活动当中。现代浙江的雏形就是在"西风东渐"中逐渐孕育成型。

Hangzhou were the first to be exposed to the Western advanced technology and modes of trade, compared with those in inland Zhejiang. With the establishment of a new type of customs, a large number of foreigners were appointed as customs officers. New customs management and statistical methods were gradually accepted by government departments. In the commercial field, Western goods entered Zhejiang market and the local traditional merchants discovered business opportunities in it. They began to buy and sell imported goods while engaging in the local goods trade. Some of them became agents for the sale of foreign goods, known as "compradors". Whether they were compradors or traditional businessmen, in the context of economic changes, they were the first to seize the opportunity to accumulate their wealth. In the following decades, along with Zhejiang's early industrialization process, the accumulated wealth was invested in industrial development, cultural and educational activities. Thanks to the "Western Influence on the East", the embryonic modern Zhejiang began to take shape.

1

海关机构与近代浙江关务

19世纪，尽管宁波失去对外直接贸易的资格，但浙海关保留了下来，负责进出宁波的国内商船、人员和货物的管理与征税工作。当1842年宁波成为通商口岸后，原有的贸易管理方式并不适应西方主导的国际贸易与航运规则。被迫开放的中国，已经暂时失去国际贸易的主导权，面对日益增加的来华外商船只与商品，建立与西方贸易规则接轨的新式海关成为唯一可选择的方式。再之，当时的清政府也希望将外国人和外国商品限定在一定区域内，由特定的机构去管理。因此，设立新式海关

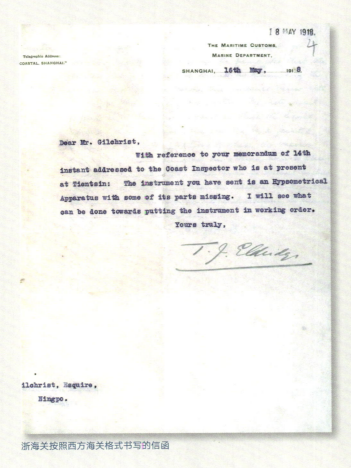

浙海关按照西方海关格式书写的信函

旧海关档案中的浙江记忆

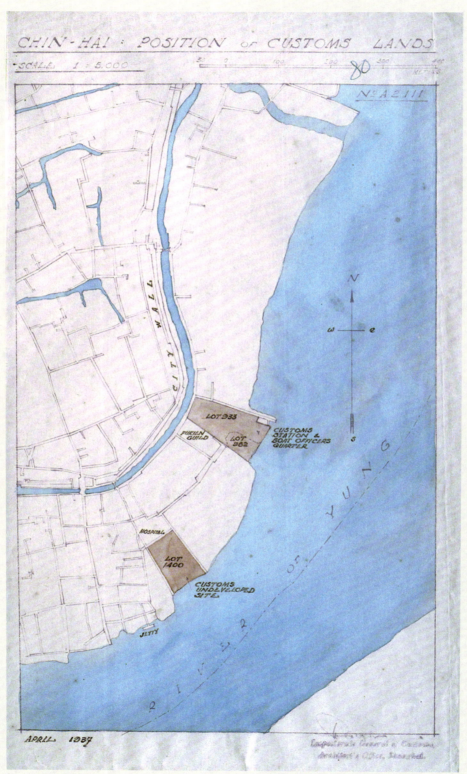

晚清地图上的浙海新关位置

逐渐成为中外双方的共识。1854 年，江海关及税务管理委员会的重建，可以认为是外国人掌控和管理中国新式海关的开始。

　　1855 年夏天，在助理罗伯特·赫德（Robert Hart）[1] 的陪同下，英国驻宁波副领事会见浙海关监督、宁绍台兵备道，[2] 提出在宁波口岸设立新式海关税务司用于征收洋税，管理进出口贸易。有了江海关的事例在前，建立新式海关的建议得到道台的口头承诺。1859 年 3 月，已被两江总督兼任各口通商大臣何桂清内定为总管各口海关总税务司的李泰国向上海道提出建立宁波、镇江等 11 口新关的书面建议，并要求聘用外国人为税务司。[3] 1861 年 5 月，清政府新成立的总理各国事务衙门决定建立宁波新关，俗称"洋关"（本书中没有特殊说明的浙海关都是指"洋关"），宁波浙海关设税务司，专征国际贸易进出口税。浙海新关税务司的官署位于宁波江北外国人居留地的甬江北岸，今天宁波市中心的老外滩还保留了浙海关的遗址。随着浙海新关的成立，原本设立在宁波江东木行路的浙海大关被称为"常关"，专门征收商税和民船船钞。

　　宁波新成立的浙海新关和原有的浙海常关都由浙海关监督来进行管理。浙海关监督的官署设在宁绍台兵备道的道

浙海关监督关防印章

宁波江东常关及检验房

台衙门内，外籍税务司的职责被定义为"帮办税务"，意为协助管理税务工作。浙海关首任税务司是英国人费士来（G.H.Fitz-Roy）和美国人华为士（W.W.Ward），副税务司是英国人休士（G.Hughks）。[4]

浙海关监督公署和浙海关税务司署的关系是：首先，主要的登记工作由海关监督公署执行。浙海关监督公署派出工作人员前往浙海关税务司署，作为行政人员计算关税收入，并负责非常事务登记簿；其次，浙海关税务司负责估算税收，浙海关监督公署负责收税及保管（由指定银号代理），海关经费支出的主要部分需要浙海关监督公署批示；最后，浙海关外籍工作人员尽管由总税务司任命，但形式上需要浙海关监督公署发委任状，才在法律上得到正式承认。[5]《海关总税务司署通令》第8号（1864年6月21日）的规定中："各口岸实由当地海关监督承担主管责任，税务司之地位因而必然从属于海关监督。"[6]设计很理想，但在实际操作层面上却困难重重。面对国外进口货物和新式的记账与税务统计方式，以及内部通行以英文为主的上下级公函，由传统官僚组成的浙海关监督公署的职能其实被大大削弱了。

1873年，《海关总税务司署通令》第13号（1873年9月8日）调整了海关税务司与海关监督之间的关系，"依照职务条例，海关监督与税务司乃会同办事"。[7]这一命令削弱了海关监督对海关税务司的监督权力，并使之失去了对海关外籍人员名义上的任免权，浙海关税务司和总税务司的上下级关系得到明确。作为处理涉外问题的最高行政部门，清政府的总理各国事务衙门所出台的涉及海关的各项法令也不再通过传统的官僚体系逐级下达，而是经总税务司直接下达到沿海各海关税务司，比如当时清政府对船只悬挂旗帜的

总税务司行文各海关的船用旗帜

[A.—4]

No. 305.

COMMRS.

Inspectorate General of Customs,

Ningpo.

No. 14,623.

Peking, 2nd January, 1908.

SIR,

1.—I am instructed by the Inspector General to acquaint you with the appointment of Mr. J. Dalton, as Tidesurveyor and Harbour Master in the Ningpo Customs, on a salary payable at the rate of two hundred and fifty Haikwan Taels a month from the 1st January, 1908.

Hk.Tls. 250.00.
1st Jan. 1908.

2.—The Shanghai Customs are directed to provide a passage to your port, or as far as possible en route. Should he have been subjected to any additional outlay on account of personal travelling expenses—freight on furniture, etc., not included—and apply to you for reimbursement, you will submit his statement to be examined and passed by this Office, and when returned to you sanctioned, then, and not sooner, you will be authorised to pay the claim in whole or in part.

3.— Mr. Dalton 's instructions are to report to you for duty ~~on or before the~~ as soon as possible.

I am,

Sir,

Your obedient Servant,

Acting Chief Secretary.

THE COMMISSIONER OF CUSTOMS,
Ningpo.

海关总税务司发给浙海关的制式公文

ENCLOSURE.

總稅務司申呈　總理衙門

為申呈事竊前奉同治十二年二月二十日

鈞劄內開同治十二年二月十五日准

北洋大臣咨稱准本衙門咨赫總稅司申各關大小巡船挂用新式龍旗

式樣稍有不同恐失劃一請於各項旗幟發一定式以便轉示各口稅務

司遵掛等語當將議定龍旗畫一式樣照繪一分咨送前來現應將現定

旗式繪圖劄行總稅司轉飭各口稅務

總稅務司遵照轉飭各口稅務司按照掛用去訖自彼時以來兵商各船

所用旗幟俱係照畫一之定式掛用是以海面各處以及外洋各國無不

認識中國之旗號式樣惟現據江海關稅務司詳報二月初一日准本關

監督龔道台來函以正月二十七日奉

撫憲劄准

北洋大臣咨海軍兵船旗式酌擬製造繪圖咨送到院劄關移行知照等

因合將奉發旗式照繪一紙函送即祈查照等因准此並送新式旗圖一

紙前來本稅務司查監督來函雖祇云兵船掛用新旗而招商局各船現

总税务司申呈总理衙门

450　INSPECTOR GENERAL'S CIRCULARS.

CIRCULAR 564.　　　　ENCLOSURE.

總理衙門劄行總稅務司

為劄行事准

日國阿署大臣照稱本國因慶憶前四百年之先尋見亞美利加洲一事擬

於本年西曆九月十二日起至十二月三十一日止在瑪達利京城開設賽

會羅列各種亞美利加貨物以便顯明該洲之教化若貴國欲與歐羅巴亞

美利加兩洲各國一併會集增慶榮等因本衙門已照復　阿署大臣因

中國計程遙遠運物維難非歐美兩洲可比是以近年各國賽會槪辭未與

此次既承諄囑應行文南北洋大臣並劄行總稅務司諭知各口商民如有

願意赴會者所有入會各物件出口時准免納稅如無願赴此會亦難相強

等語相應劄行該稅務司查照辦理將來出口物件亦不可漫無限制也須

至劄者　光緒拾柒年拾貳月拾柒日

總字第壹千柒百捌拾捌號

总理衙门札行总税务司

通告。同时，海关税务司署的各项工作则绕开浙海关监督公署，直接通过总税务司汇报给总理各国事务衙门。

1875 年，我国云南省边境发生了英国使馆人员马嘉里（A. R. Margary）被杀的"马嘉里事件"。英国政府以此事件为借口，向清政府施压。1876 年 9 月 13 日，中英双方全权代表签订《烟台条约》，内容有增加温州等四处为通商口岸的条款。1877 年 1 月 3 日，海关总税务司赫德委派英国人好博逊（H.E.Hobson）担任温州海关税务司。他在地方官员的协助下，最终确定将温州海关税务司署的地址选定在温州北门城外附近沿江岸边。[8] 半年多以后，根据总税务司署的指示，温州海关改称瓯海关，对外正式名称为瓯海关税务司公署。[9] 瓯海关的主要职责是监督和管理进出港的对外贸易船舶及其所载货物，并缴纳关税。

温州朔门瓯海关

1877 年 4 月瓯海关设立后，当时的瓯海关监督是由温处道道台方鼎锐兼任的，其办公的官署称"瓯海关监督公署"，瓯海关监督公署承担对瓯海关税务司署的监督职责。不过与浙海关监督公署类似，瓯海关监督公署对瓯海关税务司署的监督逐渐流于表面，瓯海关的行政管理权主要掌握在税务司的手中。

1895 年，清政府被迫与日本签订丧权辱国的《马关条约》，杭州等城市被列为通商口岸。同年，总税务司令浙海关头等帮办英国人李士理（S. Leslie）负责筹建杭州关，并于第二年杭州关成立后他被任命为首任杭州关税务司。[10] 杭州关税务司公署于 1896 年 10 月 1 日正式开关办公，隶属于总税务司署，地址位于仁和县（今属杭州市）拱宸桥通商场。[11] 杭州关监督公署与杭州关税务司公署同时设立，隶属于清政府总理各国事务衙门，署址位于杭州蒲场巷，杭州关监督的职责与浙海关监督、瓯海关监督类似。1901 年清政府总理各国事务衙门改为外务部，杭州关监督公署归其领导。

在日常工作中，浙江的三大海关逐渐增加了很多职能，包括但不限于港务、引

建造中的杭州关办公楼

杭州关大门之近影

水、航标、船舶登记、检验、丈量、卫生检疫、气象观测、邮政等许多在今天看来与海关关系不大的工作。这些职责在20世纪初期随着中国现代政府管理职能的完善逐步分割出去，但也有不少在之后的权责划分中引起很大的纠纷。这种海关以外的职能工作，通过历年的海关报告和海关出版物给今天的人们展示了近代浙江经济、社会与对外交流的丰富内容。

辛亥革命后，政权鼎革使得海关的管理职权得以重新划分。1911年11月，宁波光复并成立军政分府，浙海关监督由提督兼任，但税务司一职仍由外国人担任，其往来文件仍用英文格式。原本兼任瓯海关监督的温处道道台郭则澐逃离温州，瓯海关监督由暂代温州临时军政分府负责人梅占魁（原温处巡防统领）临时兼任。继梅占魁后，陈范和姚志复先后被浙江都督任命为瓯海关监督。[12]1912年12月19日，北京政府财政部拟定的《新任各关监督办事暂行规则》规定各海关监督直隶中央政府，不归各省都督节制。其后，浙江各海关监督由北京政府大总统直接任命。同时，浙海关监督兼任外交部宁波交涉员，以便与各国驻宁波领事协商办理外贸事务。

NINGPO.

DECENNIAL REPORT, 1882-91.

THE province of Chehkiang lies between the 27th and 31st parallels of latitude, and between the 118th and 122nd meridians of longitude. Its neighbouring provinces are: on the north, Kiangsu; on the west, Anhwei and Kiangsi; on the south, Fuhkien. It is divided into four *tao*, or circuits, namely, the Hang-Chia-Hu, made up of Hangchow (杭州), Chia-hsing (嘉興), and Hu-chou (湖州) *fu*; the Ning-Shao-T'ai, made up of Ningpo (甯波), Shao-hsing (紹興), and T'ai-chou (台州) *fu*; the Chin-Ch'ü-Yen, made up of Chin-hua (金華), Ch'ü-chou (衢州), and Yen-chou (嚴州) *fu*; and the Wên-Ch'u, made up of Wenchow (溫州), and Ch'u-chou (處州). The capital of the province is at Hangchow, which is also its largest city, though not equal to Ningpo in commercial importance. There are two ports open to Foreign trade—Ningpo and Wenchow; the former was opened in 1842, and the latter in 1877. The map which accompanies this Report is the same as that published in the volume of Trade Reports and Returns for 1883. It shows adequately the political division into prefectures and districts, and the location of the principal rivers and towns; but its accuracy in detail, especially as regards the interior of the province, is not to be relied upon.

(*a.*) The office of Tsung-tu, or Governor General, of Chehkiang and Fuhkien (resident at Foochow) was held at the beginning of the period 1882–91 by HO CHING (何璟). He was succeeded in November 1884 by YANG CH'ANG-CHÜN (楊昌濬), who filled the office until December 1888. From that date until the end of 1891 PIEN PAO-TI (卞寶第) has been Governor General.

At the beginning of 1882 the incumbent of the office of Fu-t'ai, or Governor of the province (resident at Hangchow), was CH'ÊN SHIH-CHIEH (陳士杰). He held office until the 16th February 1883, and after a short interval, during which the post was held provisionally by the Provincial Treasurer, TÊ HSING (德馨), LIU PING-CHANG (劉秉璋) became Governor on the 24th February 1883. In June 1886 he was appointed Governor General of Szechwan, and on the 4th July 1886 handed over the office to the Provincial Treasurer, HSÜ YING-JUNG (許應鑅), who administered it provisionally until the 26th August 1886, when WEI JUNG-KUANG (衞榮光) assumed charge. His term of office extended to the 11th February 1889, when he was succeeded by SUNG CHÜN (崧駿), who holds the office at the end of 1891.

1882—1891 年浙海关十年报告

CUSTOM HOUSE,

Wenchow   , 11th March 19 18

DEAR LYONS,

The Superintendent has informed me that he had been instructed by the Ministry of Communications to declare Hongkong an infected port and he asked me to send him a copy of our Sanitary Regulations. I replied that there are none. Have you got any at your port? If so you would very much oblige by sending a copy - English and Chinese - . Are you going to declare Hongkong an infected port? I don't see much the use of it here as we have no ships plying to and from Hongkong.

Many thanks for your letter of 8th and 4 copies of Ningpo Port Regulations.

Mr. Toller will have given you all the Wenchow news. He must have had enough of it!

Yours sincerely,

1918 年 3 月 11 日 瓯海关税务司谭安给浙海关税务司来安士的信函

瓯海关监督也兼任外交部温州交涉员。袁世凯死后，中央政府对地方的控制能力减弱。第二次直奉战争时期，瓯海关监督一度由闽浙巡阅使兼浙江都督孙传芳派员担任。直到 1925 年 4 月后，瓯海关监督的任命权才重新回到北京政府手中。在北京政府时期，浙海关监督公署先后有 6 人担任监督，瓯海关监督公署先后有 13 人担任监督，杭州关监督公署则有 12 人担任监督。[13]

南京国民政府成立后，在财政部内设关务署管理海关行政。1928 年开始，浙江各海关监督归关务署管辖。1928 年 3 月起，海关监督由财政部委派，不再兼任外交部交涉员。不过随着 1928 年 5 月 25

日蒋锡侯接任浙海关监督并兼任外交部宁波交涉员，由于其与蒋介石的亲缘关系，使浙海关监督的权力与其他各地海关监督相比有所增加，直到 1929 年 8 月外交部交涉员的兼职才取消。[14]1935 年 7 月，刘灏接替蒋锡侯担任浙海关监督一职。1937 年 9 月 30 日，南京国民政府裁撤全国各海关监督公署，仅留监督 1 人，驻在税务司公署中。同时，南京国民政府公布《海关监督办事暂行规程》，规定海关监督

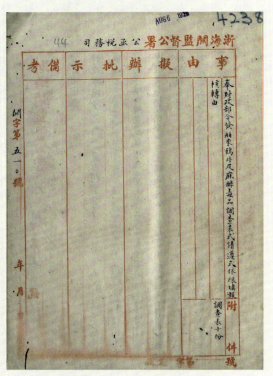

浙海关监督公署制式文件

1929 年 8 月 9 日浙海关监督蒋锡侯致浙海关代理税务司萨督安的公函

宁波关税务使司印

只有监督关务、提出改善意见、会同税务司与地方机关洽商有关关务等职权。[15]

辛亥革命后，浙海关税务司还兼管50里内的常关。与晚清时期一样，北京政府时期，浙江三大海关税务司的国籍也是以英、法为主，另有少数来自美国、德国等其他国家的人员担任税务司一职。1930年3月，南京国民政府在获得关税自主权

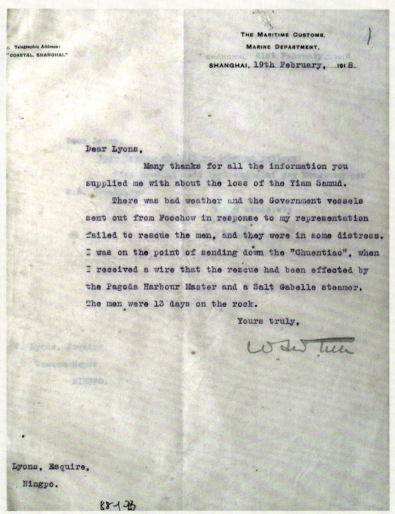

1918年2月19日江海关税务司威厚澜致浙海关税务司来安士的信函

的同时，为进一步整顿税收制度，对浙江沿海各处常关机构进行部分调整。原浙海关监督所辖50里外常关分口定海、象山等12处及厅属24傍口分卡，划归浙海关税务司管理。另外，自1930年3月1日起，原瓯海关常关管理的温州50里外常关分口，计瑞安、平阳、大渔、蒲岐、坎门等5处及所属傍口，划给瓯海关管理。抗战前瓯海关的管辖范围北起台州海门，南至浙闽交界附近的镇下关（镇霞关）沿海一带。1933年10月2日，中国人卢寿汶担任浙海关税务司，为中国人任该职最早的一员。至此，名义上为了监督外籍税务司的海关监督公署已经没有存在的必要。不过尽管如此，浙海关税务司与其他海关税务司的往来信函仍以英文为准。

全面抗战爆发后，浙江三大海关所属关区先后沦陷。在战争影响下，杭州关和浙海关先后被迫关闭，而瓯海关的活动也受到日军日益频繁的骚扰。随着浙西和浙东沿海区域的沦陷，瓯海关成为浙江唯一也是最主要的海关管理机构，期间由英国人担任两任税务司至1943年，此后，瓯海关税务司一职一直由中国人担任直到新中国成立。抗日战争时期，瓯海关关区逐渐从温州沿海向整个浙江内陆的国统区延伸。而在浙江的沦陷区，日伪先后在杭州和宁波建立了伪关税征收机构，从事海关税收的征收工作。[16] 由于战时中国与西方各国不平等条约的废除，因此抗日战争胜利后

镇海常关外派检验所

NINGPO, 8th June 34.

50

Dear Captain Carrel,

I am sending through the Captain of S/S "Hsin Kiangteen" today the water pump belonging to the Ningpo motor sampan "Haikuan No.54". There is a flaw in the lining. I should be much obliged if you would kindly have it repaired.

Yours sincerely,

Captain L.R. Carrel,
SHANGHAI.

(S&D) LU SHOU WEN

1934 年 6 月 8 日浙海关税务司
卢寿汶致江海关的信函

15 JUN 1934

THE MARITIME CUSTOMS,
MARINE DEPARTMENT,

S/O.   Shanghai, 12th June, 1934.

Dear Mr. Lu,

The water pump of the Ningpo Motor Sampan "Haikuan No.54," to which reference is made in your S/O dated 8th instant, has been examined by the Marine Surveyor, who reports in this connection as follows:-

"The water pump of the engine of the Ningpo Sampan "Haikuan No.54" was dismantled and a minute crack found in the steel chamber. As a spare is not available in Shanghai, the pump was tested on a boat with a Chrysler engine and operated quite successfully. There is not much danger of the crack increasing or of causing damage, so the pump is being returned to you to be installed again. The agents state they have ordered a few pumps of this make from America which should be due in Shanghai anytime within six weeks."

As soon as the new pumps arrive in Shanghai one will be sent to you.

Yours sincerely,

Shou Wen, Esquire,
NINGPO.

1934 年 6 月 12 日江海关致浙海关税务司卢寿汶的信函

浙江海关恢复后的税务司一职全部由中国人担任。不过，当时的海关往来信件仍以英文为准，直到 1948 年经海关总税务司署多次下文后才逐渐改为中文。随着沿海经济与贸易形势的变化，杭州关最先在 1945 年被撤销，浙海关也在 1948 年被并入江海关。到 1949 年，浙江保留下的海关只剩下瓯海关。

1946 年 8 月 7 日浙海关税务司关于使用中文为海关主要用语的通令

1945 年 12 月 22 日浙海关代理税务司陈善颐致江海关税务司丁贵堂的信函
（注意：尽管两人都是中国人，但信件往来仍沿用以前的英文格式）

海關總稅務司署通代電通代字第二一二號　總署卷宗第一四一一九／I號　中華民國三十七年五月二十一日

浙海關稅務司覽案奉財政部三十七年五月五日財關政字第二六五六九號訓令內開「案准輸出入管理委員會三十七年四月二十七日輸廣甲壹字第八四三號函開「查政府設置輸出入管理機構旨在對於進出口貿易予以合理之管制惟自進出口貿易辦法公佈實施以後其中關於蔡止輸出品間或有行政院特准許可予以出口者申請人卽逕向海關申請驗放此種辦法對於本會執行職務滋多窒礙而於管理貿易之初旨亦相抵觸嗣後關於進出口貿易辦法附表㈣內蔡止輸出貨品（除外銷紡織品業經其部命令規定外）如經特准出口手續上似應經本會輸出推廣處簽證後再送關驗放俾符法令相應函請貴部轉飭關務署通令所屬遵照並希見復」等由除函請上海及設有輸管會各分會復外合行令仰知照」等因奉此並准輸管會函前由自應照辦嗣後遵照並希見復上海及設有輸管會各分會處之各口岸所有進出口貿易辦泸附表㈣蔡止輸出貨品除外銷紡織品外如經特准出口於報運時海關在原有驗放手續以外應加驗輸管會輸出推廣處或其各分處簽證方准放行其未設有輸管會各分會處之口岸仍應照向案辦理合行電仰遵照總稅務司李副總稅務司丁代馬印

2

开放口岸与近代浙江外贸

西方人来宁波开展国际贸易的历史可以追溯到明朝中期，当时位于宁波外海的双屿港曾一度成为远东最大的国际贸易港口。有清一代，宁波仍旧是中外贸易的重要港口，因而在第一次鸦片战争后成为最早开放的五个口岸之一。对于宁波的开放，1864 年的浙海关贸易报告中就记载了当时英国人对宁波对外贸易的乐观态度。

人们不难想象，当初英国人为他们的商人开辟了宁波港的时候，对它的未来是抱着极大希望的。那时候，杭州湾没有一处地方准备建造港口，宁波自然备受注目。通过甬江及其运河，贸易可做到绍兴乡间；并且以大城市杭州为龙头，做到钱塘；钱塘江有一条支流流入安徽，贸易可通过钱塘江，穿过安徽，一直延伸到江西。因此宁波的贸易可以辐射到很远，而它的活动中心地带可以放在绍兴。我敢说，没有亲眼见到过这个地方的人是难以想象它的美景的。自然界赋予绍兴丰富的物产，人们用手工挖出了美丽的运河，运河两边筑起石围堤护岸，与欧洲都市的运河河岸一样整齐美观。从山上俯瞰乡野，城、镇、集市错落有致，那里充满生机，隐藏着财富。当初杭州被誉为人间天堂，其实绍兴也称得上人间天堂。

宁波港所具有的优越性，浙江的其他两个港口（温州和台州）是没有的。这两个港通往内地的河流是被山脉隔断的。

——[法]日意格（P.M.Giquel）：《同治三年（1864年）浙海关贸易报告》（1864 年 12 月 31 日）[17]

宁波郊外的运河

不过在实际的对外贸易中，宁波口岸的表现令人大失所望，其进出口贸易总额从 1844 年的 50 万元猛跌到 1849 年不到 5 万元，下降了 90%。[18] 对此，郑绍昌认为，除了临近的上海迅速取代广州成为全国外贸中心，从而使得大量外商进口货物转向上海外，另一个非常重要的原因就是五口通商初期宁波的商品经济远比上海发达，宁波区域手工业制品面对外商产品有很强的竞争力。[19]

"在宁波，英国最好的本色棉布每码只售五便士，而中国人仍愿以每码六便士的价格购买其本国制造的、宽度不及英国布一半的土布，他们并不是不懂英国布的精美细匀，而是由于穿不起。土布所用原料为英国布的三倍，最少可以让中国人穿上两年，而英国棉布，照中国的洗衣方法——

宁波码头

在石板上捣捶，六个星期就不能穿了。"[20] 此外，1864年的浙海关贸易报告中指出了宁波对外贸易增长缓慢的另一个原因——交通，从宁波通往杭州的浙东运河极大地限制了宁波口岸商品的转运。

运河中的河坝妨碍水上运输，有时甚至得把货物卸下来。这种水坝旨在让运河保持合适的水位。它们是两个土做的斜坡平台，船在这两个坝之间往返，从这一段又到那一段。要了解这种水坝给运输造成的不便，我们可以设想一艘发往杭州的舢板，它在离上虞几英里处遇到第一个坝，然后还要遇到一两个别的坝方能到达曹娥江，每通过一个坝都得支付昂贵的费用。舢板在绍兴卸货，这些货物被装上一艘船，这船将货物运过一段河，送往另一艘船，货物将再次被卸下，又装至第三艘船。最后这第三艘船途经美丽的运河，将货物运至杭州对面的一个集市——西兴。

货船沿着翻坝滑入河道

用牛车在岸船间装卸货物

从而不难看出，那些被运送的商品已摊上了很多的附加费用，而这还是在运河处于良好状态的时期而言的。如果遇上旱季，从余姚到曹娥江一段水域，舢板就有多处要搁浅，那就只有请民工，甚至用水牛拉好几里，这就更意味着费用的增加了。

——[法]日意格（P.M.Giquel）：《同治三年（1864年）浙海关贸易报告》（1864年12月31日）[21]

19世纪60年代中叶后，随着国内市场的逐步转型，宁波港的贸易转运能力和对商品的消化吸纳能力得到增强，其对外

1917年1月宁波海关贸易统计月报

1914 年 5 月 8 日轮船买办总经销记录单

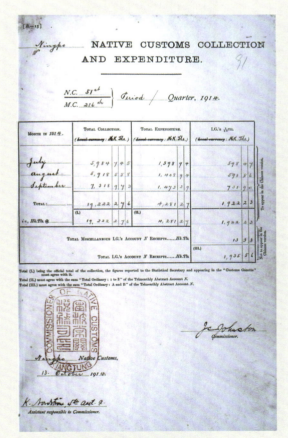

1914 年第三季度宁波海关国内货物出口报表

贸易进入了一个相对较快的发展时期。尤其是新式航运的兴起，使得宁波逐渐由旧式的帆船港转变为近代轮船港，进出口产品也不再局限于鱼、盐、粮食和土特产。洋货的大量进口，使宁波的对外贸易逐步融入世界市场，带动了地区经济的发展。在土货出口方面，棉、茶是该时期最大宗的出口产品。宁波港绿茶出口总量几乎占到全国绿茶出口总量的 90% 以上，贸易额也占到宁波港全部出口总额的一半以上。经宁波出口的绿茶，主要为安徽的徽茶和浙江的平水茶。棉花也是宁波出口的主要土货。1861 年美国爆发南北战争，美国南方棉花出口被阻断，棉价大幅上涨。宁波的棉花价格也从每包 9 元上涨到 28 元，进而推动了棉花的出口。此外，草帽、纸扇、海产品、明矾以及其他土产品也是宁波港出口的主要货物。在进口方面，宁波港主要进口国内南北土货和洋货。南北土货以药材和糖类居多，洋货则以鸦片、棉毛制品、大米等产品为主。此外，锡、铁等金属材料进口量也比较大。[22]

温州开埠初期，也面临着与宁波类似的情况。最初，西方商人对温州开埠后的贸易形势也抱着非常乐观的态度，但开埠后的贸易规模却很小，与他们原先的期望

第一张凭证:

[.—3]

Ningpo Customs. ACCOUNT Native Revenue

30th April, 1919. Schedule IV "Disposal" (a) Voucher No. 1

Authority I.G. Cir. No. 1899 & Desp. No. Pay. Commissioner.
Demand No. 657/39,863 N.L. No 21.

	CURRENCY. [Hk. Tls = Hk. Tls 100]	Hk. Tls
Account 'N'		
N. L. Collection for April	10,482 771	
1/10th appropriated.		1,048 277

Witness to Payment: Received Payment _____ Commissioner.

国内货物出口报表

第二张凭证:

[.—3]

Ningpo Customs. ACCOUNT Foreign Revenue

30th April, 1917. Schedule IV "Disposal" (G.) Voucher No. 2 79

Authority I.G. Desp. No. 871/52,268 Pay. Commissioner.
Demand No.

	CURRENCY. [Hk. Tls = Hk. Tls 100]	Hk. Tls
The Bank of China, Ningpo		
Commission on Foreign Customs Revenue Collection		
April Collection	22,505 189	
@ 4 per mille		90 021

Witness to Payment: Received Payment _____

外国进口货物报表

相去甚远。"两位对外贸易的商人经历呆滞的一个年头,于1878年4月弃之而去。当时经常驶来口岸停靠的沿海轮船也撤出不再来,自1878年以后,整个口岸由外国轮船载运的贸易货物,全部由招商局轮船公司安排小型轮船来运输。"[23]究其原因,与温州南北相距不远且开埠早得多的福州与宁波两港制约了温州港的贸易拓展。就本省而言,温州港从某种意义上讲是宁波港的子港。在进出口大宗商品方面,温州周边的府县也大多从宁波浙海关供货、出货。[24]不过,根据海关档案记载,当时最直接的原因是1877年8月"突然任意地引入了那紧迫的厘金后,市面就开始萧条矣"。[25]

但是,温州港对外贸易在1881年后出现了明显的改善。需要指出的是,在温州港的进出口贸易中,仍以国内转口贸易为主,直接对外贸易所占比重甚微。在转口贸易中,由于地理位置和汽船运输业的相对劣势,温州周边地区的部分土洋货仍然由宁波或福州供应。温州开埠后,对宁波对外贸易的影响是非常明显的。随着温州港的开埠,宁波港的对外贸易货值有明显下跌,造成宁波港进出口货物的进一步分流。

与宁波和温州不同的是,杭州自开埠后进出口贸易一直保持明显的上升势头,且长期处于贸易的出超状态。与上海及周边区域的便利交通条件是其保持良好势头的主要

中文书写的土货出口记录单

原因。另外，杭州及周边区域的传统手工制品也很有特色，如丝绸、茶叶在全国同类产品中具有绝对优势，因而成为出口大项。杭州关在进口洋货中多为各通商口岸都在进口的大宗商品，即除鸦片外，主要以煤油、糖类、锡块、日本洋火（火柴）等为主。[26] 杭州开埠后利用特殊的地理位置，成为周边地区与上海、苏州进行贸易往来的通道和中继站，这在很大程度上分流了宁波的对外贸易量，从而悄然改变了浙江对外贸易的格局。例如，过去从安徽、江西等省运往宁波的货物，现在基本经杭州出关。当然，宁波还是有它特殊的优势。杭州是内河港，宁波则是海港。

1911 年辛亥革命后，浙江对外贸易的外部环境发生了重要变化。近代国家体系的完善与政治环境的宽松都刺激了国内资本主义经济的发展，进而推动对外贸易总量的增加。截止 1937 年抗日战争全面爆发以前，依照海关统计数据可以发现，这一时期浙江的进出口贸易呈现出爆炸式增长态势。进口方面，浙江进口贸易无论在种类、数量还是货值上均呈现增长态势。按照进口地来区分，浙江沿海进口货物分为进口洋货和进口土货。这一时期，浙江沿海的宁波和温州口岸洋货进口额的结构经

按日进出口贸易统计表

历了两次大的变化，第一次是棉布取代鸦片成为最主要的进口商品；第二次是粮食取代棉布成为最主要的进口商品。前者的变化影响了中国传统家庭织布业，后者则影响了浙江传统的农业生产结构。与之相对应的是，宁波港进口土货中，工业品超过50%，以纸烟、绸布、棉纱、面粉为主。[27]

出口方面，这一时期浙江对外出口贸易总体呈增长态势，但其出口量和出口值的增速则呈先慢后快再减速的趋势。1911—1920年这10年间由于第一次世界大战的影响，浙江传统农产品如棉花、茶叶的增速非常明显，与之相伴的是初级手工业制品如草帽、凉席、滑石器也纷纷远销欧美及日本。进入20世纪20年代，尽管浙江出口贸易值增速缓慢，但各出口产品数量的增长速度远超前一个十年。[28]加之这一时期浙江沿海口岸区域出口手工制品制作工艺的改良，使得其在国际市场上的竞争力逐渐提升，出现出口手工制品无论是数量还是货值均超过出口农产品的现象。进入20世纪30年代，由于日本侵华步伐的加快导致中日贸易环境的恶化，浙江对日贸易额逐步下降，尤其是手工制品出口市场开始由日本向欧美国家转移。总体而言，这一时期浙江出口农产品的数量和货值不仅受到国际市场的影响，还与农产品自身的产量有非常重要的关系。另外，

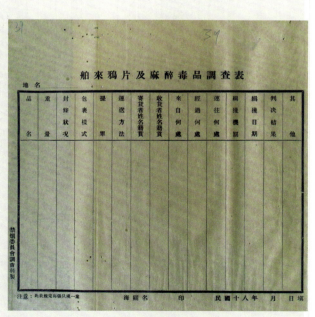

按货物种类贸易统计表

浙海关《舶来鸦片及麻醉毒品调查表》

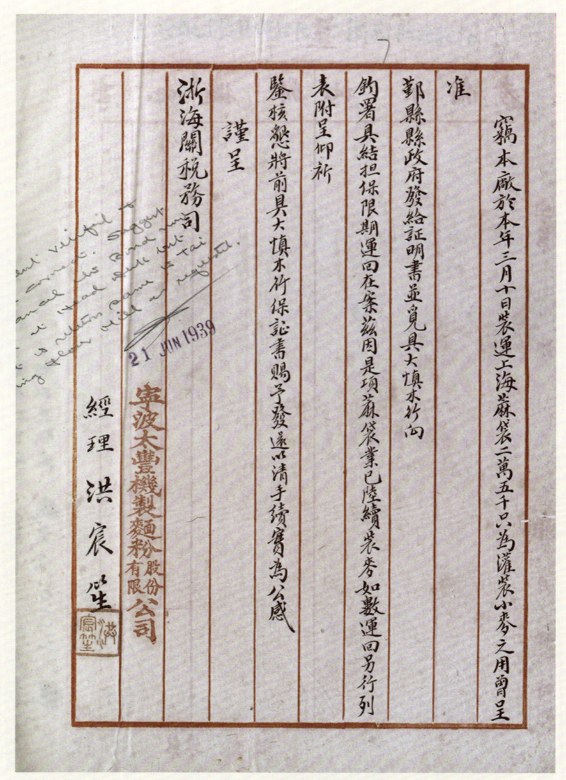

竊本廠於本年三月十日裝運上海蔴袋二萬五千只為灌裝小麥之用曾呈

准

鄞縣縣政府發給証明書並覓具大填水竹

鈞署具結担保限期運回在案茲因是項蔴袋業已陸續裝麥如數運回另行列

表附呈仰祈

鑒核懇將前具大填水竹保証書賜予發還以清手續實為公感

謹呈

浙海關稅務司

經理 洪宸 坐

寧波太豐機製麵粉股份有限公司

21 JUN 1939

1939 年 6 月 21 日宁波太丰机制面粉股份有限公司为申请发还保证书致浙海关税务司的呈文

宁波乡下妇女正在织布

随着世界农产品市场竞争的加剧，民国时期浙江传统农产品出口如棉花和茶叶出口量的增长速度都出现不同程度的下滑。而与之相反的是，这一时期浙江手工制品出口量的增长速度是非常明显的。

1937年7月7日全面抗战爆发后，上海、杭州先后沦陷，宁波港成为江南地区主要的对外贸易港口。在太平洋战争爆发之前，出于维系与西方国家关系的考虑，尽管日本封锁中国沿海港口，但悬挂西方国家旗帜的船只仍可在中国沿海港口往来。基于此，宁波、台州和温州沿海的大量中国船只纷纷挂靠西方国家船籍，并雇佣外方船长，以此躲避日军的海上封锁。宁绍轮船公司的"新宁绍"改为德商礼和洋行的"谋福"号；三北轮船公司的"宁兴"号，改为中意轮船公司的"德平号"。[29] 由于上海租界孤岛的存在与沪甬航线的通行，宁波成为内地各省市物资的转运口岸，大量物资在此集散，宁波港呈现出

宁波开埠后，草帽业与织布业成为当时支撑宁波农村经济的两大行业

浙海关检验房

1939 年 6 月 15 日宁波葡商正德轮船公司致浙海关税务司的信函

繁荣景象，航运的繁荣意味着宁波港进出口贸易量的增加。1937 年，宁波港的进出口货物及货值都出现激增。就出口而言，因战事关系，宁波与华北之间的海上贸易被切断，但茶叶、草帽等传统外销产品并未受此影响。相比抗战初期，1940 年浙海关进出口货物总值都有极大增加。与宁波港类似，抗战初期，温州港进出口总额都有较大的增加。1939 年后，日军对温州的空袭逐渐频繁，温州港的对外贸易逐渐下降。1941
年日军占领温州后，浙江沿海的走私贸易
逐渐兴盛起来。

受战争的影响，宁波港口遭到严重破
坏，在几乎没有一座完整码头的情况下，
宁波对外贸易的恢复工作极为困难。直
到 1946 年 9 月，宁波招商分局才修复了
原江天码头，之后的轮船航运时断时续。
尽管这一时期宁波工商业恢复得比较好，
来往甬沪的客商也在增加，但随着国民政
府向美国商轮开放内江沿海航行权之后，
宁波各轮船公司的经营变得十分困难。[30]
除了沪甬航线的进出口贸易还能维持外，
其他航线的进出口贸易已经很少了。[31] 再
加上当时浙江沿海海盗盛行，宁波港口
的直接对外贸易直到解放前都没有恢复。
与宁波相反，温州由于抗战的战时需要，
港口设施有所扩大。抗战结束后，随着
海运的畅通和市场的扩大，温州商品经
济得到了发展的机会。原本因战争无法
运出的货物这一时期都不断通过港口出
口到其他地区。再加上温州与台湾贸易
航线的开通，扩展了温州的国内贸易市
场。1945 年至 1947 年，温州港口的货
物吞吐量分别为 3 万吨、14 万吨和 20 万

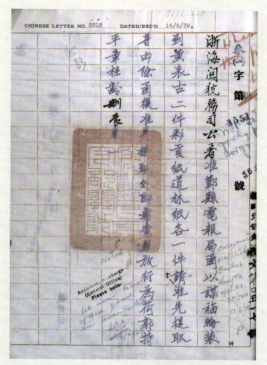

1939 年 6 月 16 日浙海关税务司公署关于准许鄞县电报局
提取物资的公函

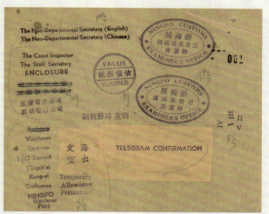

验讫章

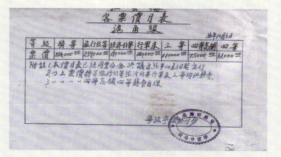

1947 年 10 月 6 日宁绍商轮公司宁波分公司客票价目表

吨，三年增加到 6.67 倍。[32] 但直接对外贸易却因为政府的管制一直无法开通，之后再加上严重的通货膨胀和物价飞涨，1948 年和 1949 年温州的进出口贸易出现衰退。

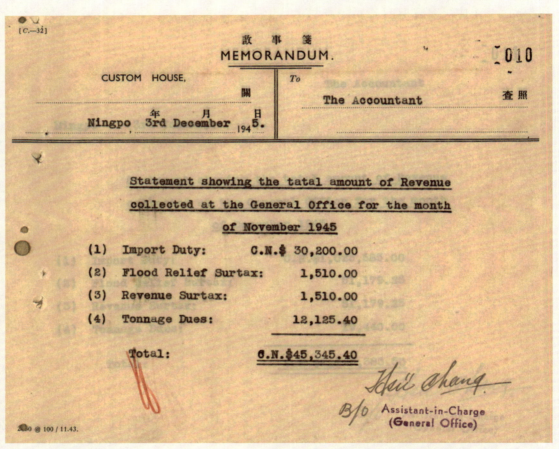

1945 年 11 月浙海关税收统计

3

贸易统计与近代浙江工业

1859 年 1 月，英国人李泰国（Horatia Nelson Lay）就任中国海关总税务司，在他任职期间，开始按照现代海关统计方法记录海关进出口货物。1863 年，赫德（Robert Hart）接任总税务司一职后，"逐步建立全面而系统的海关管理制度，贸易统计的格式也日臻完善"。[33] 除了月度和年度统计报告外，还有十年报告和其他海关出版物，构成了近代较为完整的中外贸易文献。通过梳理这些统计资料，再结合浙江省档案馆藏其它海关档案，可以使人们详尽了解彼时有关浙江工业的发展情况。

在 1887 年，中国的资本家组织了一家公司，从事利用洋机器轧棉花的业务。公司取名"通久"，以资本 5 万两银子开始运转。机器有蒸汽机和锅炉，带动 40 台最新改良型的轧花机，机器是由日本大阪制造，于 1887 年 10 月运到。现有的房子

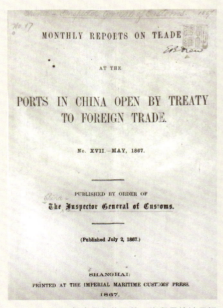

1867 年中国条约开放口岸贸易统计月报

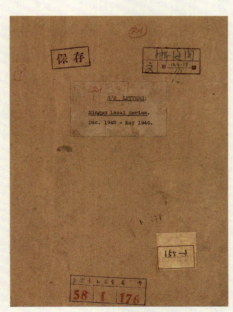

1945—1946 年浙海关档案

经过改建以符事业需要，又增添新的结构，整个工厂离宁波约 2 英里，沿甬江北支河岸伸展约有 200 英尺。自该厂建成之后，全年日夜开工，雇工 300 至 400 人之间。请的是日本人工程师和机械师。1891 年销售皮棉 3 万担。籽棉是购自邻近产棉区，用小船运到工厂。企业获利颇丰，现已大加扩充。增加的资金也已募集，巨大的两层楼砖砌厂房竖立起来，不仅轧棉而且打算纺纱。从英国已经进口新式马力更强大的发动机和锅炉，又从日本增添了轧棉机和纺纱机。新厂房将在 1892 年夏天开始运转。除了对原料和成品征收关税和厘金以外，工厂别无其他负担。

——[美] 墨贤理（H.F.Merrill）：《浙海关十年报告（1882—1891 年）》（1891 年 12 月 31 日）[34]

通久源（即《浙海关十年报告（1882—1891 年）》里的"通久"）轧花厂可以说是宁波乃至浙江第一家现代工业企业，由此，浙江的手工工场开始逐步向现代工业企业转型。自 1842 年宁波开埠，到 1887 年第一家近代工业企业的诞生，浙江的工业化道路经历了近半个世纪的探索。早在 1845 年，美国长老会就将一年前刚在澳门创办的华花圣经书房迁至宁波，并改名为美华书馆，之后不久书馆就迁到了上海。美华书馆可以说是外国人在宁波乃至浙江开办的第一家外资企业，但它还不是真正意义的机器工厂。[35]

1867 年 6 月浙海关贸易月报

D.—PRINCIPAL EXPORTS.

Tea, Black, ...	Peculs Nil.	Cotton, ...	Peculs 5,522.60
„ Green, ...	„ 2.10	Mats, Straw, ...	Pieces 41,182
„ Leaf, ...	„ 1.75	Medicines, ...	Peculs 1,775.83
Silk, ...	„ Nil.		

E.—DUTIES COLLECTED DURING THE MONTH.

FOREIGN VESSELS,—10,937 Tons.

Import Duties (exclusive of Opium), ...	Tls	895.0.6.6
„ „ on Opium, ...	„	83.0.0.0
Export „	„	3,735.4.3.9
	Tls	4,713.5.0.5
Tonnage Dues, ...	Tls	435.9.0.0
Coast Trade Duties, ...	„	4,682.6.1.1
	Tls	9,832.0.1.6

CHINESE VESSELS,—1,006 Tons.

Import Duties, ...	Tls	43.0.3.4
Export „	„	320.3.7.0
Tonnage Dues, ...	„	5.0.0.0
Coast Trade Duties, ...	„	239.9.2.2
Total, ...	Tls	10,440.3.7.2

I am, &c.,

JAS. K. LEONARD,

Commissioner of Customs.

To the

INSPECTOR GENERAL OF CUSTOMS.

FOOCHOW,

宁波开埠后，面对蜂拥而至的洋货及工业品，浙江的民族资本首先流入的是各种百货业。同治年间（1862—1874年），宁波最早的一家百货店"舒天成德记百货店"在宁波东门外开业。接着在东门大街上又出现了"大有丰洋广货店"。其后，新兴的玻璃店、五金店、钟表店、眼镜店、纸店等相继在城区开设，并形成了江厦、东大街、西大街等繁华的商业区。[36] 温州、杭州也与之相类似。

与民族资本从事新式商业活动所不同的是，浙江最早的工业企业大都是政府尝试举办的。19世纪60年代，清政府中的洋务派曾在浙江创办过一些军火工业，但先后失败。1876年，"杭垣本设小制造局，所用工人不过二十名光景，近闻亦能造铜帽、开花弹，并铸小炮已五十尊。"[37] 后来浙江巡抚刘秉璋在杭州开设浙江机器局，制造枪支弹药，有产业工人50余人。[38] 不过整体而言，自宁波开埠后的40余年间，浙江的现代工业建设还在传统的自给自足经济体系中挣扎。在此之前，许多有眼光的商人和资本已经在上海参与到当地的工业发展中，如1876年李鸿章等筹办上海机器织布局时，许多宁波商人如蔡鸿仪、严信厚、叶澄衷、许春荣、

浙海关关于宁波嘉泰纸号等信息统计

[D.—54]

6.

DATE. 1943.	SUB-VOUCHER.	PARTICULARS.	AMOUNT. CURRENCY. [⋯ = $100]	$	SUBHEAD.
				15324589	
May 31		醫查科: Advance against P.C. Pymt	1,000 00		12
		夏信士: Balance of Water Charge	1,225 71		3
			15547 60		
			48533 44		
			204005 04		
June 1		醫查科: Advance against P.C. payments.	1,000 00		12 12.
		胡瑞裕: Hire of 1 sampan	1,200 00		5
		Various: Wages	1,714 00		2:1
		泉汇華秀昌: Iron door bolts	1,463 20		4
		源泰三金手: Nails & screws	1,018 00		4
		闊生泰: Glass for Station	275 20		4
		Various: wood for stock	4,234 50		4
			11904 90		
	3	Mr. Y. Kanematsu: c.e. & Balance of	356 44		5
	9	鹰三全: Supplying 11 pcs. Sunshades.	923 87		4
		祥記: 1 Shade for Sampan	238 00		5
		泰昌木器公司: 2 desks:	1,960 00		4
		元昌: Repairing bicycle	275 00		5
		醫查科 P.C. advance	1,000 00		12 12
	10	總稅科 Duty for Sugar Case 3/4	96 82		13 X
		醫查 " Balance of Sugar Deposit No. 4	2609 43		13 X
		Various: Family Rice allce.	3,566 10		5
	11	Informant S/R Hole's Inf. fee	3250 20		13 X
	14	Mr. Lee Kwang Yeh 子 S.W.K. R.A.	3144 33		6
	··	Various: Travelling & Removal allce.	772 22		5
	16	醫查科: P.C. advance	1,000 00		12 12
	18	A/c.S. Sec III. Entertaining allce for June	558 56		11. X
		川泾泰祥允木行 Wood for General repair	4,407 50		4
		Carried forward.			

100 @ 100 / 3.43.

浙海关关于源泰五金号等信息统计

朱志尧、邵友濂等都有投资。1885年，外国商人先后在宁波创办了第一家机器轧花厂和第一家合营的梳棉厂。也许是受此刺激，再加上清政府实施新政后对民族工业发展的鼓励政策，由中国民族资本创办的工业在浙江逐渐出现。

继宁波通久源轧花厂创办后，1889年，宁波商人在慈溪开办火柴厂，制造火柴。慈溪火柴厂创办资本白银15000两，雇佣工人200名。[39] 最初雇佣日本工匠，并要求他们指导中国工人学习制造技艺，但不久就因原料与技术方面的原因而停业。另外，杭州在1892年也曾建立过一家约有30个工人的蒸汽印刷厂，其印刷出来的样本相当精美。不过，19世纪80年代，浙江创办的民族工业并不多，且规模不大。

1895年后，浙江迎来了民族工业发展的第一个办厂热潮。1894年，严信厚与周晋镳、汤仲高、戴瑞卿等沪甬巨商富贾集资45万元，筹建"通久源纱厂"。1896年6月，通久源纱厂正式开工生产，当时雇有工人750名。该厂开设头几年，发展较快，盈利丰厚。通久源纱厂是浙江第一家机器纱厂，一年后杭州通益公纱厂也正式投产。1889年，杭州富绅丁丙、王震元

和湖州南浔富商庞元济等筹措资金，在拱宸桥运河西岸筹建杭州最早的机械纺织企业——通益公纱厂，拉开了杭州近代工业的序幕。但通益公纱厂筹建8年，到1897年才得以竣工投产。通益公纱厂是浙北民族资本所创办的最早的棉纺织工厂，棉厂自备发电机发电，供给500盏16烛光的电灯。1899年，投资近56万元的通惠公纱厂在萧山县东门外姑娘桥建立。通惠公纱厂有10376纱锭，雇佣工人1100多名，所产之棉纱以原棉纺成，优于沪纱，销量非常好。[40] 宁波通久源纱厂、杭州通益公纱厂、萧山通惠公纱厂被称作浙江近代民族工业的"三通"。它们是省内最早建成、规模最大、设备较为先进（进口），并在全国颇有影响力的三个机械化纺纱厂，它们使浙江的棉纺业从传统手工业开始向机械化发展。

尽管取得一些成就，但晚清时期浙江工业的发展仍处在萌芽阶段，在基础设施条件，特别是交通和电力设施需要从零开始的时候，浙江的工业起步面临很多问题。浙海关税务司柯必达（P.J.Crevedon）在1911年12月31日撰写的《浙海关十年报告（1902—1911年）》中就指出："从总

D.—54]   52

Date. 1944	Sub-Voucher.	Particulars.	Amount. Currency [...... = $100]	$	Subhead.
April					
11		华万昌铁厂: cost of iron prickers		480.00	4
		審計處長: Income Tax for Mar. 1944	22,864.64	119.38	12
		Chinhai: advance against P.C. payments		5000.00	12
		Mrs. Makino: advance against Pay for April 1944		1,000.00	S-V Gross
		Chinhai: refund of entertaining expenses		300.00	12
		Mr. Wan Cheng he p: Separate Rent Allce for Jan 1944		294.44	1:2(丙)
18		徐其支: supply of water for 9-18.4.44		700.00	3
		Mr. T. Kihara: cost of telegrams		1224.0	3
		種玉山房: cost of stamping material		630.00	3
19		Mr. J. Isobayashi: Travelling expenses		431.67	S
		" Chu Kuo Shen: "		368.33	S
		姚森宣 姬 No 18: "		1113.33	S
		李振 铭和號: Cost of a replacement of lock on Chinhai steel box		200.00	4
				5749.19	
21		Rev. M. Siratori Cost of gift presented to Jap. Military Hosp. 2nd anniversary		300.00	12
		Mr. Lee Nan Chiang: Transfer Allce		4760.00	S
		Service-Listed Staff Pay for April 1944	10489.00	58,272.22	1:1
		" " : Charge Allce	350.00	1944.44	1:2(甲)
		" " : Temporary Allce	28329.00	157,383.33	1:2(乙)
		" " : Rent "	5801.77	32,232.06	1:2(丙)
		" " : Family "	7426.00	41,255.56	1:2(丁)
		" " : Food	5815.00	32,305.56	1:2(丁)
		" " : Tiffin	6870.00	38,166.67	8
22		吴憬房: Rent for Kin Ma Road 2tr for May-July '44		600.00	4
		寗静山房: " Chinhai Sub. off Bldg. for 15.4.44-14.7.44		300.00	4
		Chinhai Sub.off: Adv. against P.C. payment		3000.00	12
		Inf. Fee: Seizure case No 91 & Report No. 66		10000.00	12
		Duty due on Seizure case No. 89 & Report No. 72		50.00	12
26		To a/c S Sch-6 Vr Cur. 2tr: Bond for Gratuity for S-L Staff		4,500.00	12
		Mr. Tong Yuen Ming: advance against Pay for April 1944		7,000.00	12
		寗所 基金設定: Appropriation for April 1944		200,000.00	11
				627,734.73	

00 @ 100 / 3.43.

浙海关关于华万昌铁厂等信息统计

[D.—54]

47

DATE. 1944	SUB-VOUCHER.	PARTICULARS.	AMOUNT. CURRENCY. [........ = $ 100]	$	SUBHEAD.
Mar. 15		鎮海分所長 General Petty Cash payments for Sep.1943		694 80	3
		" : spare parts etc for Service bicycles		302 00	5
		" : cost of labour for office repairs		780 00	4
				322.13.80	
		審計處長 adv. against refund of Staff Contribution		4,115 97	12
		Mr. Lee Shin : Transfer All'ce		639 25	5
20		" Hsu Yeh ching "		437 50	5
		德昌西服裝 : Uniform for Boatman No.31 (牟阿马)		286 00	3
		徐英友 water supply to Head Office for 10-19/3/44		700 00	3
		Mr. Lu Yuan-ju : Pay & alle for 1st Feb. 1944		131 78	various
				3,840 00	
		永耀電力公司 : cost of electricity consumed for Mar.		3,480 00	3
			25th 1944		
		監查課 : Refund of cost of electricity		188 00	3
		" : " " stationery		894 30	3
		" : " " fixtures etc		1,093 40	4
		" : " " repairing bicycles		785 00	5
		" : " " ricksha hire for staff on Service errands		926 00	5
		" : " " entertaining expenses		300 00	12
		" : Petty cash expenditure for Sept. 1943		1,372 20	8
		" : Refund of cost of electricity		28 00	3
		" : " " fixtures etc		2,339 00	4
		" : " " repairings etc. to building		996 00	4
		" : " " repairing bicycles		1,342 00	5
		" : " " ricksha hire to officers		630 00	5
		" : " " deposit for long distance telephone number		50 00	12
		" : " " entertain expenses		112 00	12
		" : " " cost of stationery		2,333 00	3
		" : Petty cash expenditure for July 1943		1,636 68	3
		" : Refund of cost of electricity		215 00	3
		" : " " stationery etc		720 00	3
		" : " " furnitures fixtures etc.		1,544 00	4
		" : " " ricksha hire to officers		920 00	5

100 @ 100 / 3.43.

117,218.13

浙海关关于永耀电力公司信息统计

体上来说洋式制造业还不完全成功。很少几家赢利，多数短期开工后即关闭。另一方面纯地方制造业需要机器甚少或不要，却依然存在。"[41]

三北轮船公司报关单

浙海关监督公署关于溥益纺线有限公司商标注册事致浙海关税务司公函

辛亥革命后，浙江的民族工业有了进一步发展，特别是第一次世界大战期间，以丝织业、棉织业为代表的轻工业得到了迅速的发展，外商已经无法涉足浙江市场。20世纪的第二个十年的工业建设，在浙江民族工业发展史上占有重要地位，为浙江资本主义经济发展奠定了较为坚实的基础。[42]不过杭州关代理税务司兼管浙东货厘事务罗福德（L.H.Lawford）在1921年12月31日撰写的《杭州关十年报告（1912—1921年）》中认为，杭州火柴制成品面对日货的时候竞争力还有不足，但仍有利可图。本地区首屈一指的制造要算丝织品纺织业，"总之，这一工业之发展比原先所盼望之目标为低。这原因有些是受上海的影响而导致者，当然那里海、陆、空交通，尤其是铁道运输都是杭州所望尘莫及者也。另外，更主要的还是杭州企业、实业界本身过于保守，对体制结构等总是抱残守缺也"。[43]

相比杭州，宁波和温州在辛亥革命后工业发展有了长足的进步，宁波一带工业，相继而兴。主要工业门类有纺织业、食品业、制造业以及传统手工业等，门类齐全，分布范围较广，在整个浙江工业经济中占有重要地位。[44]对于这一时期宁波开办的新式工业，浙海关税务司安斯迩（E.N.Ensor）在《浙海关十年报告（1922—1931年）》里列举到：

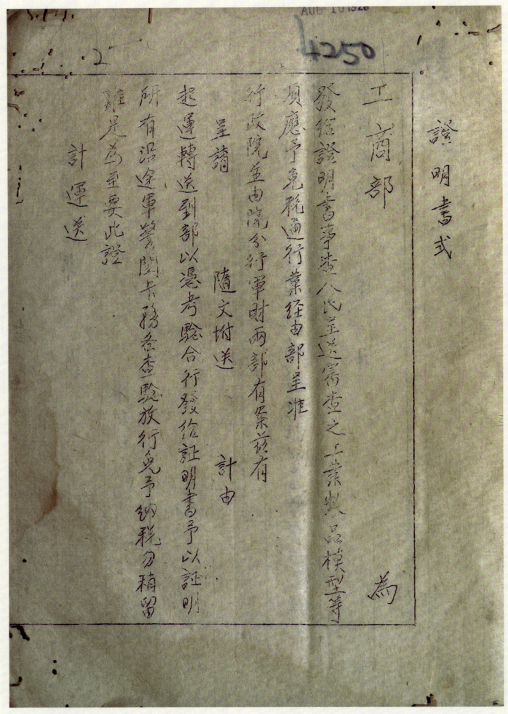

證明書式

工商部 為

發給證明書等語八此呈送需查之工業製品模型等

項應予免稅通行業經由部呈准

行政院查由院分行軍財兩部有案茲有

呈請 　隨文附送　計由

起運轉送到部以憑考驗合行發給證明書予以証明

所有沿途軍警關卡務希查驗放行免予納税勿稍留

難是為至要此證

計運送

工商部给各海关出具的工业品模型运输免税证明

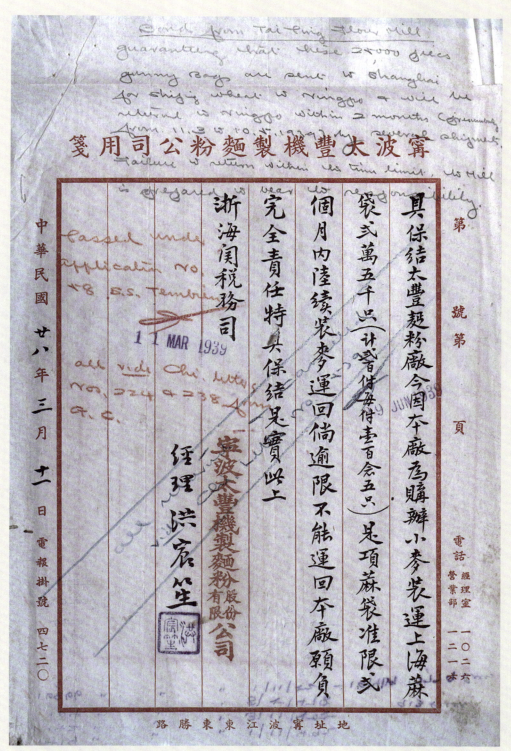

宁波太丰机制面粉公司向浙海关税务司出具的保结

和丰纱厂，1905 年设立，资本 900 万元，锭子 23200 枚，年产粗纱 27000 包。

正大火柴公司，1912 年设立，资本 6 万元，年产 12000 箱。

通利源榨油厂，1924 年设立，资本 8 万元，年产棉油 15000 担，棉饼 8 万担。

中国卷烟公司，资本 1 万元，年产 3000 万支。粹成洋伞厂，资本 3 万元，年产伞 12000 柄，手杖 6000 枝。

宁波永耀电灯公司，资本 100 万元。

镇海明明电灯公司，资本 67500 元。

宁波四明电话公司，资本 30 万元。

针织厂 25 家，针织机计 4500 至 5000 具，年产丝、棉、毛各种衫袜，共值银 400 万元。

丝织厂数家，其中规模最巨者，每年制品约值五六十万元。

罐头食品公司数家，资本共计 6 万元，每年产品约三四十万元。

皂烛厂数家，每年产品约值 35 万元。

铁器铁工厂数家，内以宁波工厂为最巨，资本 24000 元。

草席厂多家，每年制品约值 20 万元。

此外，手工制品种类甚多，如丝质、蒲草及金丝草帽、草帽缏、蒲席、花边及锡箔等，规模虽小，随处皆有。

——[英] 安斯迤（E.N.Ensor）：《浙海关十年报告（1922—1931 年）》（1931 年 12 月 31 日）[45]

1938 年宁波应源泰五金号致浙海关税务司函

宁波在 20 世纪 20—30 年代工业的发展与其在辛亥革命后基础设施的建设密不可分,在 1912—1921 年十年间,除了宁波市区创办的宁波电话公司和和丰电灯公司外,"镇海、定海、海门、慈溪、余姚和黄岩都有电灯公司,石浦和台州也正策划建立电灯厂,绍兴既有电灯也有电话"。[46] 电灯和电话的出现不仅意味着城市生活幸福感的提升和治安状况的改善,更意味着信息交换的便捷与大规模电力供应的可靠性。这些都是工业发展所必不可少的外部条件。

辛亥革命后,相比上海、宁波而言,温州创办的新式企业基本为独资和合伙的形式,还没有大规模的公司和垄断型企业。港口贸易的发展对温州工业经济的促动远没有宁波明显。尽管如此,温州的工业发展在对外贸易的推动下远快于其他远离港口的内陆地区。[47] 不过浙江的工业化进程随着日本侵华战争的爆发而被迫中断,不少企业或毁于战火,或被迫内迁。抗战胜利后,尽管国民政府也采取了一些措施推动浙江工业经济的重建,但直到浙江解放前仍未恢复到 1937

1940 年浙江省电话局长途电话通知、通话通知单

年以前的工业发展水平。

  总体而言, 浙江近代工业的发展是在西方对浙商品倾销和技术扩散的基础上逐步形成的。最初投资浙江近代工业的浙商群体基本都是在从事中外贸易活动中将积累起来的商业资本逐步投入到工业资本领域, 而国内商品市场的逐渐扩大也进一步刺激了浙江沿海工业的发展。近代浙江的工业建设, 特别是棉纺领域的成就在外国类似产品输入浙江数量日益减少中体现出来。在浙江近代工业发展中, 以各种世界博览会为平台, 浙江新式海关为浙江工业产品销售和品牌建设提供了诸多帮助。

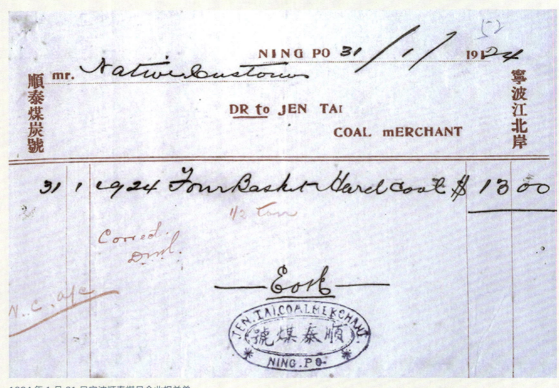

1924 年 1 月 31 日宁波顺泰煤号企业报关单

—3]

NINGPO Customs. ACCOUNT N. 6

13th. March, 19 24. Schedule 6 : 4 Voucher No. 5.

Authority I.G.Circ.No.1162, II. Pay. Hedw. Cauef

mand No. Commissioner.

	CURRENCY.	Hk. Tls
	[$150.00	= Hk.Tls 100]

The Jen Tai Coal Co. (顺泰煤号):

ngtung Native Customs:

uel for heating Offices, additional supply:

Half a ton of Hard Coal, @ $26.00 per ton — 13 00 — 8 67

e.- Last supply: 3 tons Soft Coal for $57.00 (vide
Vr. 4).
This additional supply is necessitated by the
additional stove in the new premises, the former
annual supply being 3 tons.

Witness to Payment,
D. MacLennan
Chief Tidesurveyor.

Received Payment

1924 年 3 月 13 日宁波顺泰煤号企业报关单

注 释

1 罗伯特·赫德（Robert Hart）：英国政治家，出生于 1835 年，1854 年来到中国学习汉语，1855 年任职于英国驻宁波领事馆，1863 年正式接替担任第二任海关总税务司，直到 1911 年。在任内，他创建了税收、统计、浚港、检疫等一整套严格的海关管理制度。

2 晚清时期浙海关监督这个职务是兼职，一般由担任宁绍台兵备道的道台兼任。清代，沿海各兵备道承担本区域的海防事宜，同时管理本区域沿海商船和货物的进出口贸易。

3 陈诗启：《中国近代海关史》（晚清部分），北京：人民出版社，1993 年版，第 58、62 页。

4 中华人民共和国杭州海关译编：《近代浙江通商口岸经济社会概况：浙海关、瓯海关、杭州关贸易报告集成》，杭州：浙江人民出版社，2002 年版，第 862 页。

5 《宁波海关志》编纂委员会编：《宁波海关志》，杭州：浙江科学技术出版社，2000 年版，第 59 页。

6 《海关总税务司署通令》第 8 号（1864 年 6 月 21 日），载海关总署《旧中国海关总税务司署通令选编》编译委员会编：《旧中国海关总税务司署通令选编（第 1 卷）》（1861—1910 年），北京：中国海关出版社，2003 年版，第 30 页。

7 《海关总税务司署通令》第 13 号（1873 年 9 月 8 日），载海关总署《旧中国海关总税务司署通令选编》编译委员会编：《旧中国海关总税务司署通令选编（第 1 卷）》（1861—1910 年），北京：中国海关出版社，2003 年版，第 176 页。

8 官署的地址就在今温州解放北路和望江东路转角一带。

9 《温州海关志》编纂委员会编著：《温州海关志》，上海：上海社会科学院出版社，1996 年版，第 9 页。

10 中华人民共和国杭州海关译编：《近代浙江通商口岸经济社会概况：浙海关、瓯海关、杭州关贸易报告集成》，杭州：浙江人民出版社，2002 年版，第 871 页。

11 位于今杭州市第二人民医院。

12 中华人民共和国杭州海关译编：《近代浙江通商口岸经济社会概况：浙海关、瓯海关、杭州关贸易报告集成》，杭州：浙江人民出版社，2002 年版，第 866 页。

13 中华人民共和国杭州海关译编：《近代浙江通商口岸经济社会概况：浙海关、瓯海关、杭州关贸易报告集成》，杭州：浙江人民出版社，2002 年版，第 861—862 页。

14 《宁波海关志》编纂委员会编：《宁波海关志》，杭州：浙江科学技术出版社，2000 年版，第 59 页。

15 《海关总税务司署通令第 5604 号（第二辑）》（1937 年 10 月 14 日）附件《海关监督办事暂行规程》，载海关总署《旧中国海关总税务司署通令选编》编译委员会编：《旧中国海关总税务司署通令选编（第 3 卷）》（1931—1942 年），北京：中国海关出版社，2003 年版，第 436 页。

16 中华人民共和国杭州海关译编：《近代浙江通商口岸经济社会概况：浙海关、瓯海关、杭州关贸易报告集成》，杭州：浙江人民出版社，2002 年版，第 864、873 页。

17 中华人民共和国杭州海关译编：《近代浙江通商口岸经济社会概况：浙海关、瓯海关、杭州关贸易报告集成》，杭州：浙江人民出版社，2002 年版，第 98 页。

18 姚贤镐编：《中国近代对外贸易史资料（1840—1895）》（第一册），载严中平主编《中国近代经济史参考资料丛刊（第五种）》，北京：科学出版社，2016 年版，第 618 页。

19 郑绍昌主编：《宁波港史》，北京：人民交通出版社，1989 年版，第 150 页。

20 彭泽益编：《中国近代手工业史资料（1840—1949）》（第一卷），北京：生活·读书·新知三联书店，1957 年版，第 507—508 页。

21 中华人民共和国杭州海关译编：《近代浙江通商口岸经济社会概况：浙海关、瓯海关、杭州关贸易报告集成》，杭州：浙江人民出版社，2002 年版，第 98 页。

22 白斌、刘玉婷、刘颖男：《宁波海洋经济史》，杭州：浙江大学出版社，2018 年版，第 231—233 页。

23 中华人民共和国杭州海关译编：《近代浙江通商口岸经济社会概况：浙海关、瓯海关、杭州关贸易报告集成》，杭州：浙江人民出版社，2002 年版，第 409 页。

24 陈君静：《浙江近代海洋文明史（晚清卷）》，北京：商务印书馆，2017 年版，第 110 页。

25 中华人民共和国杭州海关译编：《近代浙江通商口岸经济

社会概况：浙海关、瓯海关、杭州关贸易报告集成》，杭州：浙江人民出版社，2002年版，第465页。

26　陈君静：《浙江近代海洋文明史（晚清卷）》，北京：商务印书馆，2017年版，第116页。

27　白斌、刘玉婷、刘颖男：《宁波海洋经济史》，杭州：浙江大学出版社，2018年版，第253页。

28　白斌、叶小慧：《浙江近代海洋文明史（民国卷）》（第一册），北京：商务印书馆，2017年版，第236页。

29　童隆福主编：《浙江航运史》（古近代部分），《中国水运史丛书》，北京：人民交通出版社，1993年版，第434页。

30　1946年11月4日，国民政府外交部长王世杰、条约司司长王化成同美国驻华大使司徒雷登、驻天津总领事施麦斯签署《中美友好通商航海条约》（简称《中美商约》）。条约规定中国市场全面对美国开放，美国船舶可以在中国之任何开放口岸、地方或领水内自由航行，可以无限制地将船舶停泊几处口岸。

31　郑绍昌主编：《宁波港史》，北京：人民交通出版社，1989年版，第369—371页。

32　周厚才编著：《温州港史》，北京：人民交通出版社，1990年版，第140页。

33　吴松弟整理：《美国哈佛大学图书馆藏未刊中国旧海关史料：1860—1949》（全283册），桂林：广西师范大学出版社，2014年版，前言第1页。

34　中华人民共和国杭州海关译编：《近代浙江通商口岸经济社会概况：浙海关、瓯海关、杭州关贸易报告集成》，杭州：浙江人民出版社，2002年版，第33页。

35　陈君静：《浙江近代海洋文明史（晚清卷）》，北京：商务印书馆，2017年版，第137页。

36　傅璇琮主编：《宁波通史（清代卷）》，宁波：宁波出版社，2009年版，第187页。

37　《杭省制造局情形》，《申报》1876年4月1日。

38　金普森、陈剩勇主编：《浙江通史（清代卷）》（中），杭州：浙江人民出版社，2005年版，第268—269页。

39　傅璇琮主编：《宁波通史（清代卷）》，宁波：宁波出版社，2009年版，第220页。

40　陈君静：《浙江近代海洋文明史（晚清卷）》，北京：商务印

书馆，2017年版，第140—142页。

41　中华人民共和国杭州海关译编：《近代浙江通商口岸经济社会概况：浙海关、瓯海关、杭州关贸易报告集成》，杭州：浙江人民出版社，2002年版，第67页。

42　金普森、陈剩勇主编：《浙江通史（民国卷）》（上），杭州：浙江人民出版社，2005年版，第87页。

43　中华人民共和国杭州海关译编：《近代浙江通商口岸经济社会概况：浙海关、瓯海关、杭州关贸易报告集成》，杭州：浙江人民出版社，2002年版，第703页。

44　傅璇琮主编：《宁波通史（民国卷）》，宁波：宁波出版社，2009年版，第279页。

45　中华人民共和国杭州海关译编：《近代浙江通商口岸经济社会概况：浙海关、瓯海关、杭州关贸易报告集成》，杭州：浙江人民出版社，2002年版，第86页。

46　中华人民共和国杭州海关译编：《近代浙江通商口岸经济社会概况：浙海关、瓯海关、杭州关贸易报告集成》，杭州：浙江人民出版社，2002年版，第77页。

47　白斌、叶小慧：《浙江近代海洋文明史（民国卷）》（第一册），北京：商务印书馆，2017年版，第260页。

2

润物无声

海关与近代浙江社会变迁

2

润物无声

An Immersive Transformation

海关与近代浙江社会变迁

近代以来，中国社会重大历史事件的背后几乎都有西方人的影子。在中国被迫打开国门后，西方文明对中国的影响逐渐渗透到方方面面。

经济领域，传统的封建经济模式在西方商品经济的冲击下逐渐萎缩。在进出口贸易增长的刺激下，中国农业经济的商品化大大加快，并逐渐成为西方国家的原材料供应地。对于这种处于底层的国际经济地位，一批最先"开眼看世界"的官僚政治群体开始反思并推动晚清政府实行"洋务运动"，意图通过引进西方先进工业与军事技术来推动国家实力的上升。他们以"自强"和"求富"为口号，学习西方先进科技，通过官督商办的形式，逐步建立

In modern times, behind almost every major historical event in Chinese society, we can find shadows of some certain Western personages. After China was forced to open its door, Western civilization gradually penetrated into all aspects of Chinese life.

In the economic field, the traditional feudal economy gradually shrank under the impact of the Western commodity economy. Stimulated by the growth of import and export trade, the commercialization of China's agricultural economy accelerated and the country gradually turned into a raw material supplier for Western countries. But, discontent with this, the Chinese bureaucratic class, who were the first to "open their eyes to observe

起中国自己的工业体系。随着本土工业的蓬勃发展，最明显的就是不少传统的进口商品如面粉、烟草等转为出口商品。同时，交通、邮电等工业基础设施的修建为中国的工业化奠定了基础。近代中国的经济发展是从全面吸收和改进西方工业技术开始的，伴随这一过程的是传统商业资本向现代金融与工业资本的转变。

政治领域，西方殖民者对中国政治活动的干预，在破坏中国传统政治结构的过程中引起了激烈的政治冲突。总理各国事务衙门的建立是清政府面对西方国家的压力在政治上做出的调整。之后，历次政治动荡的背后，都有西方政治势力的身影。随着近代中国对外战争的屡次失败，许多知识分子开始反思中国近代政治变革活动，并推动清政府的改革从经济领域转到政治层面。尽管有"百日维新"的失败，但20世纪第一个十年的晚清新政初步建立起适应时代变化的现代政府管理体系的外形。随着民国的建立，中国在形式上已经完成了政治领域的变革，一个借鉴西方的国家模式初步形成。

文化领域，以林则徐、魏源等一批最早接触西方的知识分子为代表，其传统的文化观念开始受到冲击。而新式学堂的建立不仅带来了西方先进的科学技术，随同引入的还有西方的各种文化知识。随着教会中学与大学的建立，中西文化交流进一步得到加强。

the world", began to reflect on this international economic status at the bottom, and push the late Qing government to implement the "Westernization Movement", in order to promote national strength through the introduction of Western advanced industrial and military technology. Under the slogans of "self-reliance" and "seeking prosperity", they learned Western advanced technology and gradually established China's own industrial system in the form of official supervision and business management. With the initial development of local industries, it was most obvious that many originally imported commodities, such as flour and tobacco, became exported commodities. At the same time, the construction of transportation, post and telecommunication facilities laid the foundation for China's industrialization. The economic development of modern China started from the comprehensive absorption and improvement of Western industrial technology, which was accompanied by the transformation from traditional commercial capital to modern financial and industrial capital.

In the political field, Western colonists' intervention in China's political activities undermined its traditional political structure and caused fierce political conflicts. The establishment of the Ministry of Foreign Affairs was a political adjustment made by the Qing government in response to the pressure from Western powers.

中西交融的过程中，中国的方方面面都在逐渐发生改变，从语言到文字，从服饰到饮食，从交通到建筑，中国沿海城市是最早发生变革的区域。以浙江而言，近代宁波、温州和杭州先后开埠及新式海关的建立，所带来的不仅仅是外国商品的涌入和人员的流动，更是给国人打开了一扇放眼看世界的窗户。新式海关建立后，尽管所雇佣的外籍人员都属于清政府正式职员，但其待遇、晋升和考核方式与清政府传统封建官僚体系截然不同，与西方保持一致的薪酬方案和文官录用、考核标准逐渐引入到浙江，为晚清浙江官僚结构的改革提供直观的范例。简明高效的税务征收体系，不仅征收关税，还代理地方捐税的征收，为浙江各项事业的建设提供了经费支持。此外，在打击走私的过程中，浙江沿海海关成立的缉私队伍不仅保证了正常的关税征收活动，还在打击海盗与维护地方社会治安中发挥了一定作用。近代浙江沿海海关的这些活动，都逐渐渗透到近代浙江社会变迁的过程当中，使浙江更多的社会群体以客观冷静的态度面对传统与现代观念的交汇，并以积极主动的心态应对这一变化。

Since then, Western political forces intervened in every change of imperial power and political turmoil. Witnessing the repeated losses in modern China's foreign wars, many intellectuals began to reflect on the country's modern political reform activities and promoted the reform of the Qing government from the economic field to that of the political. Despite the failure of the "Hundred-Day Reform", the late Qing government in the first decade of the 20th century explored a modern government management system to adapt to the changes of the times. With the founding of the Republic of China, China had completed a formal transformation in the political field, and a model of modern state that drew on the West had taken shape.

In the cultural field, a group of intellectuals, represented by Lin Zexu and Wei Yuan, first came into contact with the West, and their traditional cultural concepts began to be impacted. The establishment of new schools not only brought the advanced science and technology from the West, but also the knowledge of Western culture. With the setup of missionary schools and universities, Sino-Western cultural exchanges increased.

In the process of such a fusion, changes took place in every aspect in China. From language to writing style, from clothing to diet, from transportation to architecture, China's coastal cities were the first to undergo such changes. Taking

Zhejiang as an example. The opening of ports and the establishment of new customs in Ningbo, Wenzhou and Hangzhou in modern times not only brought about the influx of foreign goods and people, but also opened a window for Chinese people to see the world. In the new customs, the foreign staff were official employees of the Qing government, but their remuneration, promotion and assessment were completely different from the traditional feudal bureaucratic system of the Qing government. The salary system, the recruitment of civil officers and assessment standards, consistent with those in the West, were gradually introduced into Zhejiang, which provided an direct example for the reform of the bureaucratic structure of Zhejiang in the late Qing Dynasty. The concise and efficient tax collection system not only collected tariffs, but also acted as an agent for the collection of local taxes, providing financial support for the construction of various undertakings in the province. In addition, when cracking down smuggling, the anti-smuggling team set up by Zhejiang marine customs not only ensured normal tariff collection activities, but also played a certain role in combating piracy and maintaining local public order. These activities of the marine customs gradually effected the social changes in modern Zhejiang, enabling more people in the province to face the collision of traditional and modern concepts with a proactive attitude.

4

海关薪酬与近代浙江管理

近代浙江海关建立后，其薪酬体系与传统的俸禄体系截然不同。浙江省档案馆藏有浙海关部分时间段非常完整的薪酬体系档案，从中可以看出在不同历史时期的薪酬支付方式有明显的区别。

1861年9月19日，浙海新关成立不久，宁波口的外班人员编制为：头等验估1名，二等验估1名；头等验货1名，二等验货3名；头等钤字手2名，二等钤字手2名，三等钤字手4名。内班设有税务司1人，在出缺时以副税务司、代理税务司代理，或以帮办署理。高级帮办1人，低级帮办1人，通事2人，书办若干人。[1]1867年9月19日，根据总税务司署第14号通令《为外班之编制及调配事》，确认浙海关税务司外班人员为14名，其中头等总巡1名，年薪银2400两；三等总巡1名，年薪银1500两；四等总巡1名，年薪银1200两；一等验货3名，年薪银1080两；二等验货2名，年薪银960两；一等钤字手2名，年薪银840两；二等钤字手4名，年薪银720两。[2]1897年杭州关的职员有税务司一名、帮办二名、华人供事四名、总巡一名（负责嘉兴分关）以及钤字手三名。[3]近代浙海关行政人员、职员的工资标准随着职务等级而定。而海关所有主管人员和重要职务均由洋员担任，洋员的年资已反映在职务等级之中。华员的地位和待遇较洋员低得多。浙海关成立时内班工资为：浙海关税务司月俸关平银 300—400 两，代理税务司 350 两，副税务司 300 两，一等三级供事 250 两，二等供事 200 两，三等供事 150 两。相比之下，外班薪水最高为头等验估，为月俸关平银 150 两，二等验估为 100 两，之后按级别依次递减 10 两，最低的三等钤字手为月俸关平银 50 两。[4]浙海关监督署的工资从海关税收中提取，每年为 2.6 万关平银两。随着海关税收的增加，浙海关的整体薪水也在上涨。如 1876 年，浙海关税务司月薪增加到 500 两。1903 年，浙海关薪水作了适当调整，除税务司有所提高外，其他人员的薪水都有所降低。

浙海关的人事制度效仿英国的文官制度，外籍关员绝大多数都是海关总税务司署从国外招考进来的。内班一般都是各国著名大学文、法、经济科出身，文化程度较高。这些人到中国后，按照海关自编的中文语言教材学习中文，并按中文考试成绩晋升。因此，浙海关内班职员不但能使用中文作为交际会话，而且能看懂中文公牍。而外籍外班关员多为水手出身，文化程度不高，但大部分也学中国话，能看懂中式账簿和码子。[5]相比华人而言，外国人无论在工资还是晋升上都比华人占有优势。[6]

浙海关成立初期，其关产主要是不动产，包括浙海关税务司不动产、浙海关监督署不动产、江东及镇海分关（支关）不动产和浙海常关所属各口不动产等四部

1903 年浙海关薪酬表（部分）

分。浙海关总关办公楼坐落于宁波市江北岸（今江北区）外马路74号，占地1.35市亩，建造于清同治四至五年（1865—1866年）。高级帮办住宅坐落于宁波市外马路66号，与低级帮办宿舍一起占地2.701市亩，建筑于1865年左右，建筑及土地购买费共计关平银14362.66两。低级帮办住宅靠近轮船码头，建筑于1865年左右，土地及已建之建筑物一并购置，合计关平银8976.66两。浙海关监督公署坐落于宁波市中山西路74号，占地6.498市亩，在城市中心，建筑于清初，为原道台衙门（因道台兼任海关监督）。江东分关（原浙海常关总关）办公楼坐落宁波市江东木行路25号，占地15.469市亩（江东验关房基地也计算在内），原建于乾隆二十八年（1763年），1901年重建。当50里内常关归浙海关税务司管辖后，改为浙海关江东分关。此屋楼下为办公处，楼上为关员宿舍。[7] 此外，浙海关还有自己专门的运动场所和俱乐部供内部员工使用。

辛亥革命后，浙海关的日常经费都是由民国北京政府拨付，还有一部分是直接在关税中抵扣。这些经费中60%以上为海关职员及勤杂员工的工资。[8] 1919年6月，

杭州关监督每月工资为500银元，科长80银元，一等科员60银元，二等科员50银元，三等科员30银元。一等雇员30银元，二等雇员20银元。[9] 1922年，总税务司对华班帮办及供事等薪水等级进行调整，帮

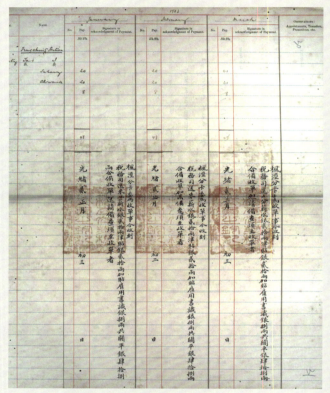

1903年1—3月份枫泾分卡津贴收款单

浙海关工作人员

ABSTRACT ACCOUNT.

Lenox Simpson Commissioner in charge.

Account from 1st January to 31st March 1906.

A_c. A. COST OF COLLECTION.

Cr.

PAYMENTS.	No. of Schedule.	During Quarter.	From 1st January to End of preceding Quarter.	Quarter.
BALANCE due on 1st January				
„ „ last Account				
REVENUE EXPENDITURE:—				
1. Salaries .... 1. Foreign In-door		6000 00		
2. „ Out-door		5660 00		
3. „ Coast				
4. Native In- and Out-door		5014 13		
5. „ Coast......				
Salaries	1	16674 13		
2. Transport .... 1. Travelling Expenses		63 08		
2. Freight and Insurance		2 68		
Transport	2	65 76		
3. Rent ...... 1. Rent and Taxes		765 14		
2. „ Allowances		30 00		
Rent	3	795 14		
4. Houses: Furniture, etc... 1. Construction and Purchase...				
2. Maintenance in Repair		258 25		
Houses, etc.	4	258 25		
5. Ships: Boats, etc......... 1. Construction and Purchase...				
2. Maintenance in Repair		317 62		
Ships, etc.	5	317 62		
6. Coast ...... 1. Deck Stores				
2. Engine „				
3. Gunnery „				
4. Coal (Coast and Harbour) ...				
5. Miscellaneous				
Coast	6			
7. Ordinary ...... 1. Stationery: Printing, etc. ...		45 25		
2. Books: Paper, etc. ...		2 23		
3. Advts: Telegrams: Postage, etc.		33 17		
4. Fuel: Lights, etc.		54 32		
5. Official Dresses, etc.		1 84		
6. Legal Expenses				
7. Miscellaneous ...		122 36		
Ordinary	7	259 17		
8. Extraordinary ...... 1. Retiring Allowances ...		507 60		
2. Special Payments ...		173 36		
3. Unclassed ...		663 00		
Extraordinary ...	8	1343 36		
9. Loss ...... by Exchange ...	9			
Net Total Expenditure ...		19713 43		
REMITTED to I.G.'s A/c. A ...	10	15000 00		
Sum Total of I to III: for Chinese version ...		34713 43		
BALANCE to be accounted for { Advances as per Sched.	11	6070 00		
{ Cash „ „ Certif. ___ 6070				
		40784 03		

1906 年 1—3 月份宁波海关开支预算表

办最低等级薪水为关平银 100 两，供事最低等级薪水为关平银 55 两。同时，总税务司对外班华员的薪水也进行调整：新进关的称货员月薪为 18 元，工作 25 年以上可增加到 53 元；水手、巡役起始月薪为 15 元，工作 25 年以上可增加到 34 元；一般的轿夫、更夫、门役等起始工钱为每月 13 元，25 年后可升至 23 元。[10] 1923 年，杭州关监督公署部分人员的薪俸有所增加，科长增至 100 银元，一等科员增至 80 银元，二等科员增至 60 银元。不过，一等雇员的薪俸降为 26 银元，二等雇员降为 18 银元。[11]

北京政府时期，浙江海关的不动产在不断扩大中。1918 年 7 月，瓯海关以 5500

江北白沙总税务司地界

海关职工宿舍外景

海关稽查人员住所与俱乐部

元购买英国传教士苏慧廉在嘉福寺巷的住宅，作为税务司的寓所。1924年5月，由英国驻宁波领事兼任的驻温州领事一职撤销，江心屿上的领事馆所有的两栋楼房由瓯海关作价以14100元购置。瓯海关以其中一幢三层楼房作为监察长的寓所，另一幢两层楼作为验货员的寓所。[12]整个20世纪20年代，浙海关投入大量经费用于改善办公、居住条件及基础设施建设。1920年6月19日，浙海关购买房屋为海关货栈，地址为宁波外马路66号，总计关平银5386两。1921年浙海关在原税务司网球场地基上修筑海关职工宿舍，用于改善职工住房条件，建筑费总计关平银1846两。同年2月，浙海关购买草马路基地13亩，总计关平银3333两。1925年，浙海关改造七里屿和虎蹲山灯塔的房屋建筑，总计花费关平银24000两。1928年，浙海关在宁波江东建造一所新式船坞，长250米，宽38米。[13]

南京国民政府成立后，浙海关税务司还兼管江东和镇海两处常关。外班人员有超等总巡兼理船厅 1 人，洋验货员 4 人，江东常关五等总巡 1 人，镇海常关一等稽查员日本人 1 名，华人稽查员 6 人，就地巡员 10 余人，水手 30 余人。[14] 1929 年 2 月 27 日，关务署下发《改善海关制度审议会决议》，规定各海关停招洋员，职权平等，统一薪给标准，晋级、慰劳金、退职年限等华洋平等。1930 年常关划归浙海关管理后，浙海关的人事编制有了一次大的扩充。划归浙海关的常关包括乍浦分关、沥海口分关、古窑分关、蟹浦口分关、穿山分关、定海口分关、湖头渡口分关、象山口分关、白桥口分关、家子口分关和江下埠口分关

等 11 个分关 26 个分卡，总计人员有分关长 11 人，会计 11 人，核算 7 人，征收员 12 人，稽查员 3 人，查验员 15 人，文牍 6 人，稽征员 37 人，扦巡 75 人，公役 35 人，共 213 人。[15] 相比浙海关，同年杭州关的职员仅为 71 人，其中内班 15 人、外班 6 人、工役 50 人。另外还有驻嘉兴分关 5 人，办理厘捐 1 人。1931 年南京国民政府裁撤厘金局及 1933 年裁撤嘉兴分关后，杭州关人员骤减。截止 1937 年 5 月，杭州关仅有 33 人，其中内班 7 人、外班 3 人、工役 23 人。[16]

1932 年，总税务司署颁布新的《海关任职条例》，并向浙海关发出第 4399 号信函，要求浙海关进行裁员和紧缩编制。同

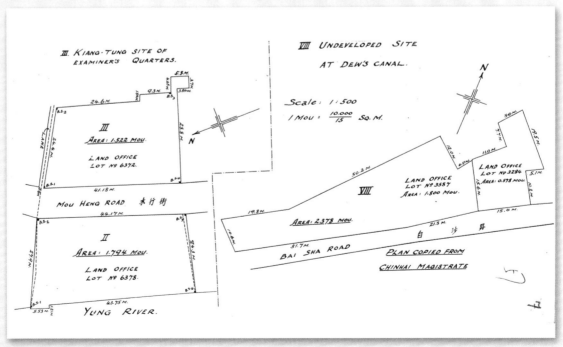

宁波木行街和白沙街的海关地产平面图

Ningp...

民 國 二 十 八 年 一

Report on Collection and Disposal of Reven...

收方 **Dr.**	收據號數 Letter of Voucher.	關金 G.U.	國幣 St. $
上月所存之款 A. **Balance** brought forward from previous Month		— —	30,772 8
本月稅收總數 B. **Total Collection** for Month	*	16,243 16	† 448,896 6
暫存銀行所得利息 C. **Interest** on Revenue Account	a		293 0
匯兌盈餘 D. **Gain** by Exchange			
轉帳之款: 實收國幣之進口稅 (請照對方第五項) E. **Inter-Account Transfer** (Import Duty assessed in G.U. but actually collected in Standard Dollars, *vide* contra 5).			37,811 7
總數 **Total**		16,243 16	517,774 2

關稅統計中所列進口稅總數
* Total Import Duty Collection as shown in [B.—8] Return.

關稅統計中所列出口稅轉口稅及附稅總數
† Total Export Duty, Interport Duty, and Interport Surtax Collection as shown in [B.—8] Return.

匯 款
REMITTANCES.

年月 DATE. 1938.		匯單號數 NUMBER OF REMITTANCE NOTE.	數目 AMOUNT. 關金 G.U.	年月 DATE. 1938.		匯單號數 NUMBER OF REMITTANCE NOTE.	數目 AMOUNT. 國幣 St. $
Dec.	29	202	422 50	Dec.	22	785	40,000 00
1939 Jan.	16	203	150 11		29	786	80,000 00
					31	787	30,000 00
				1939 Jan.	7	788	70,000 00
					10	789	45,000 00
					13	790	40,000 00
					19	791	40,000 00
					21	792	3,000 00
					21	793	3,000 00
					23	794	40,000 00
					28	795	58,000 00
			572 61				449,000 00

1939 年浙海关关税收入汇款单

NingpoDesp. No.6547/S.S.　　　　31 AUG. 1948

APPENDIX No. 6.

NINGPO CUSTOMS.

List of properties with detailed particulars.

浙海關及鎮海支關關產清單

關產名稱	坐落	登記狀況	附　註
浙海關稅務司住宅兼監督住宅	寧波外馬路	鄞縣第四區第1175宗浙江省地政局頒有省字第0852號土地所有權狀壹紙附粘地圖壹份	該項土地所有權狀經以浙字第6508號文呈送 慈署備案
稅務司菜園	寧波中馬路	鄞縣第四區第1158宗浙江省地政局頒有省字第02350號土地所有權狀壹紙粘附地圖壹份	同　上
幫辦住宅	寧波外馬路	鄞縣第四區第1393宗浙江省地政局頒有省字第02854號土地所有權狀壹紙粘附地圖壹份	同　上
已婚外勤職員宿舍及海關俱樂部	同　上	鄞縣第十區土地第四區第3158宗浙江省地政局頒有省字第02853號土地所有權狀壹紙粘附地圖壹份	(一)該項土地所有權狀經以浙字第6505號文呈送 經署備案；(同)(二)其基地之中部分係 國營招商局租賃其租約經以浙字第6497號文呈送 慈署
單馬路基地	寧波單馬路	鄞縣第十區土地第四區第368宗浙江省地政局頒有省字第02851號土地所有權狀壹紙粘附地圖壹份	(一)該項土地所有權狀經以浙字第6505號文呈送 經署備案；(二)該項土地租與農民陳二楷使用其租約經以浙字第6519號文呈送 慈署
舊監督公署	寧波城內中山西路	鄞縣第十區土地第四區第374宗浙江省地政局頒有省字第03445號土地所有權狀壹紙粘附地圖壹份	(一)該項土地所有權狀經以浙字第6505號文呈送 慈署備案；(二)該房屋之(甲)(乙)(丙)(丁)四部份 租與寧海關暫用其租約經以浙字第6525號文呈送 慈署；(三)該房屋之(戊)部份租與中華沼氣公司使用其租約經以浙字第6520號文呈送 慈署
浙海關鎮海交通及鎮海支關職員宿舍	鎮海正大街頭	鎮海縣第十都第十圖第0983宗浙江省頒沿海區政府地字第395號土地所有權狀壹紙粘附地圖壹份	該項土地所有權狀經以浙字第6513號文呈送 經署備案
鎮海支關基地	鎮海舍浦街頭	鎮海縣第十都第十圖第1400-2宗浙江沿海縣政府地字第3576號土地所有權狀壹紙粘附地圖壹份	同　上
鎮海縣白沙基地	鎮海縣白沙都		(一)業已聲請登記尚未領得所有權狀(二)該地租與農民江阿三使用其租約經以浙字第6519號文呈送 慈署
舊浙海常關及驗貨房	寧波江東木行路		業已申請登記尚未領得所有權狀
舊浙海關醫輔所轄定海分關	定海縣街頭		(一)已向定海縣政府申請登記惟該縣政府尚未開辦登記事宜(土地)(二)該埠房屋租與海軍第一補給分站使用其租約經以浙字第6511號文呈送 慈署
舊浙海關監辦所轄乍浦分關	乍浦鎮		已向平湖縣政府申請登記惟該縣政府尚未開辦土地登記事宜

1948年8月浙海关与及镇海支关关产清单

Property Records:
VI. TITLE DEEDS, *Lease Agreements, & documents relating*
(*thereto*)
1. A detailed list of Ningpo Customs Property

浙海關及鎮海支關關產清單

關產名稱	坐落	登記狀況	附 註
浙海關 稅務司住宅 監察長住宅	寧波外馬路	鄞縣第壹區第四段第1175宗浙江省地政局壹有字第0852號土地所有權狀壹紙粘附地圖壹份	該項土地所有權狀經以浙字第6505號文呈送 總署備案
稅務司菜園	寧波中馬路	鄞縣第壹區第四段第1158宗浙江省地政局壹有字第02850號土地所有權狀壹紙粘附地圖壹份	同 上
幫辦住宅	寧波外馬路	鄞縣第壹區第四段第1393宗浙江省地政局壹有字第02854號土地所有權狀壹紙粘附地圖壹份	同 上
巳婚外勤職員宿舍及海關俱樂部	同 上	鄞縣第壹區第四段第3158宗浙江省地政局壹有字第02853號土地所有權狀壹紙粘附地圖壹份	裕商局 同 上
草馬路基地	寧波草馬路	鄞縣第壹區第四段第368宗浙江省地政局壹有字第02851號土地所有權狀壹紙粘附地圖壹份	陳三梅 同 上
舊監督公署	寧波城內中山西路	鄞縣第壹區第壹段第3734宗浙江省地政局壹有字第03445號土地所有權狀壹紙粘附地圖壹份	(1)(甲)(2)(乙)(丙)(丁)(戊)(2)(戊) 同 上
浙海關鎮海支關及鎮海支關職員宿舍	鎮海正大橋頭	鎮海縣第壹都第壹圖第0933號宗浙江省鎮海縣政府地字第3575號土地所有權狀壹紙粘附地圖壹份	該項土地所有權狀業經以浙字第6513號文呈送 總署備案
鎮海支關基地	鎮海金塘衛頭	鎮海縣第壹都第壹圖第1480-2號宗浙江省鎮海縣政府地字第3576號土地所有權狀壹紙粘附地圖壹份	同 上
鎮海縣白沙基地	鎮海縣白沙		業已申請登記尚未領得所有權狀 汪阿三
浙海關及金庫貨房	寧波江東木行路		同 上
浙海關監督所轄定海分關	定海縣衛頭		已向定海縣政府申請登記惟該縣政府尚未開辦土地登記事宜 海軍
浙海關監督所轄乍浦分關	乍浦鎮		已向平湖縣政府申請登記惟該縣政府尚未開辦土地登記事宜

年5月，浙海关税务司裁减税务员1名，稽查员5名。经过裁减后，浙海关内班职员有帮办4人，税务员6人，汉文文牍员1人，稽查员4人（其中2人充当汉文书记员）。这些人员分布在统计科、会计课、文书课等部门。[17] 浙海关外班有华员17名，分别是：区煜城（招商码头验货）、周天霖（太古码头验货）、殳柏荣（宁绍码头验货）、荆满昆（三北码头验货）、王少萍（轮船稽查兼练习验货）、刘天演（轮船稽查兼练习验货）、郭建勋（轮船稽查兼练习验货）、成立（轮船稽查兼练习验货）、张厚坤（轮船稽查兼练习验货）、蒋沈廷（轮船稽查兼练习验货）、沈堃（轮船稽查）、刘天生（轮船稽查）、陈祖耘（轮船稽查）、陈鑫（轮船稽查）、金汉

镇海常关租用的码头办公场所

浙海关公用地产租约清单

2./ A list of
Lease Agreements & Contracts entered by
Ningpo Customs since V-J Day

浙海关公用地产租约清单

(一) 寧波城内中山西路舊監督公署房屋(甲)(乙)(丙)(丁)四部份租與寧波警察局使用之租約(自三十七年一月一日起續租二年經以浙字第六五二五號文呈送總署

(二) 寧波城内中山西路舊監督公署房屋(戊)部份租與中華浴室費梓光使用之租約(租賃期間為二十年自民國二十六年一月一日起至民國四十五年十二月三十一日止經以浙字第五三二〇號文呈送總署)

(三) 寧波草馬路基地租與農民陳三楊使用之租約(租賃期間自民國三十六年十月一日起三十七年九月三十日止)

(四) 鎮海縣白沙基地租與農民江阿二使用之租約(自三十六年十月一日起至三十七年九月三十日止)

以上兩約經以浙字第六五一九號文一併送總署

(五) 舊浙江海關轄定海分關房屋租與海軍第一補給分站使用之租約及有關函件(租賃期間自三十七年四月一日起至三十八年三月三十一日止經以浙字第六五一一號文呈送總署)

(六) 本關承租團營招商局江北岸基地之租約及有關函件(續租租金業已付至民國四十七年十二月廿一日止該項租約經以浙字第六四九七號文呈送總署)

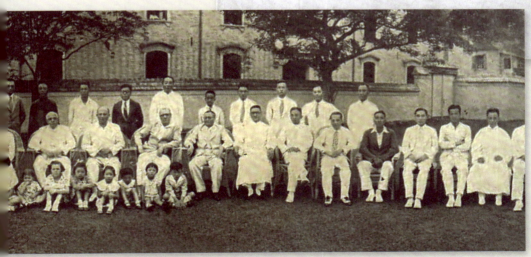

关声画报：浙海关中外职员俱乐部合并一周年纪念摄影（民国二十四年八月）

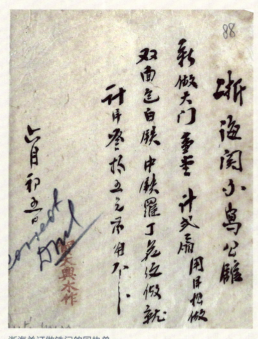

浙海关订做铁门的回执单

椿（轮船稽查）、杨福生（轮船稽查）、黄昌仁（轮船稽查）。[18] 而浙海关下属常关分卡一般由分关长、稽查员、巡役与水手组成。以浙海关镇海分卡为例，其有高级外勤职员 1 名，由监察员或副监察员充任，稽查员 1 名，巡役 1 名，水手 10 名。高级外勤职员即分卡主任，除管理全分卡一切事务外，还须测验及报告气象，每月往浙海关所辖的灯塔（虎蹲山、七里屿）及各处暗礁经海关设有标示的地方巡视一次；稽查员管理查验往来船只并登记、丈量、烙印一切民船及颁发挂号簿、航运凭单等暨进出口结关；巡役职务为襄助稽查员执行一切日常工作；水手职务除任分卡内一切杂役外，还须时常巡视港道，驱逐船只停泊于通道内（因有碍进出口轮船航路）。[19] 1935 年 1 月 8 日，浙海关采用新的关务体制，其内班稽查员增加到 6 名，所需完成的任务总计有 38 项。而在造册房汇编年度报告书的时候，统计科总务股会派遣 1 名稽查员和 1 名税务员协助完成年度报告书的书写工作。[20]

1937 年全面抗战爆发后，上海、杭州先后沦陷，宁波成为内地货物及战区军用物资转运的主要口岸。11 月 22 日，杭州关撤至安徽省后，在歙县城北门外，设立"杭州关驻歙县办事处"。同年 12 月，温州航政办事处停办轮、帆船的检验、丈量工作，改由瓯海关代为办理。1941 年 1

浙海关订做铁门的英文记录单

镇海支关及船只检验所外景

月22日，温台防守司令部组织成立戒严时期温州引水办事处，负责办理引水业务，瓯海关即停止管理引水工作。1940年7月20日，宁波城防司令部向浙海关调用缉私舰海清号和海绥号，载石沉于梅墟附近拗甓江转弯处，用以彻底封锁航道。浙海关关闭。

抗战胜利后，根据浙海关税务司第6947号通令，原战时停薪留职的关员予以复职；自愿在日伪海关工作的洋员、华员、杂役一律辞退。1948年8月浙海关人员编制为：代理税务司1人，总务课税务员3人，文书课4人（税务员3人，书记1人），会计课4人（税务员3人，查缉员1人），监察课6人（监察员1人，副监察员1人，副验货员1人，稽查员3人），验估课4人（验估员1人，副验货员3人），港务课兼代港务长1人。另有镇海支关主任1人，副验货员1人，稽查员2人。[21] 此外，随着瓯海关内地各支关的裁撤，至1949年5月温州解放前夕，瓯海关的正式关员减少到26人，另有雇员、关警、工人等共68人。

浙海关与海务巡工司往来文件

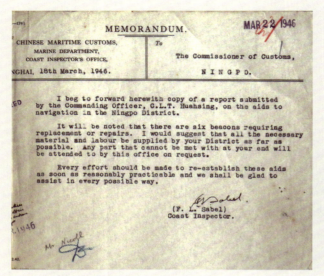

1946 年浙海关与海务巡工司往来文件

宁波防守司令部印章

瓯海关内部设有会计、秘书、总务、稽查等 4 个课室，由瓯海关税务司和副税务司直接管理。[22]

1946—1949 年，浙海关（1948 年后为江海关宁波分关）关员的全部薪津构成包括：正薪、生活补助费、特别补助费、年终 3 个月奖金按月折发数、米代金、膳食补助金等部分。在正薪方面，浙海关在编灯塔管理人员的工资最高为特级灯塔台长 A，工资为 275 元；最低为候补灯塔值事人，工资为 80 元。[23] 由于内战随即爆发，物价继续上涨。通货膨胀严重影响了关员生活，尤其是初级关员的生活水平日益下降。为此，浙海关税务司对本关低级关员及雇员的每月最低生活费用依照宁波物资价格作按月调查，据此发放生活补助费。

1946 年浙海关实发国营事业待遇项下员工生活补助费及各项津贴月报表

(B+0) for June

107

INCREASES OF PAY.

Name.		Rank.	Pay increased To $	From which Date.
				1947
Non-Service-Listed "Yi" Class Employees				
Ho Shen-piao	(賀聖標)	Carpenter	48	June 1
Yao Sun-ding	(姚森定)	"	30	" "
Chiang Shan-sun	(江善生)	Boatman (No. 1)	47+3*	" "
Zau Kang-ning	(邵康寧)	Boatman	16	" "
Tu Shih-kang	(屠信康)	"	16	" "
Ho Keng-tang	(何根棠)	"	16	" "
Tung Chi-hung	(董志鴻)	"	16	" "
Chang Ping-chang	(張品章)	"	16	" "
Chao Chi-fong	(趙志芳)	"	16	" "
Ying Yu-ling	(應榆齡)	T'ingoh'ai	17	" "
Shen A-sun	(沈阿生)	Watchman	16	" "
Cheng Tao-tao	(程桃根)	Gardener	16	" "
Chang A-tang	(章阿棠)	4th Light-keeper C.	26	" "
Wang Pao-fu	(王寶福)	Boatman (Mason)	47+3*	" "
Pei Yung-lai	(貝榮來)	Boatman	41+3*	" "
Yang A-chi	(楊阿妃)	"	41+3*	" "
Tu Ts'uan-kuei	(屠全貴)	"	37+3*	" "
Pei Yung-ch'ing	(貝榮慶)	"	35+3*	" "
Chen Sin-fu	(陳信富)	"	34+3*	" "
Sun A-ch'ing	(孫阿慶)	"	30+3*	" "
Sun Ch'ing-siang	(孫慶祥)	"	25+3*	" "
Tu Man-kuei	(屠滿貴)	"	23+3*	" "
Chang A-huo	(張阿和)	"	20+3*	" "
Yuan Chia-i	(袁家義)	"	20+3*	" "
Wu Hsia-mao	(鄔夏冒)	"	21	" "
Wu Yu-siang	(鄔裕榉)	"	21	" "

106

Name.		Rank.	Pay increased To $	From which Date.	Au...
				1947	
Wang Te-kuei	(王德貴)	T'ingoh'ai	33	June 1	D. Me 50
Chao Fu-lin	(趙福麟)	"	20+3*	" "	
Lu P'in-ken	(陸品根)	"	20+3*	" "	
Shih Sung-jen	(史松仁)	Watchman	33	" "	
Chao A-fu	(趙阿福)	Tidesurveyor's House Coolie	30+3*	" "	
Yang Tse-kao	(楊志高)	4th Light-keeper A.	59	" "	
Chen Ssu-tao	(陳愚道)	4th Light-keeper A.	52	" "	
Chen Wen-hsing	(陳文興)	4th Light-keeper B.	45	" "	
Li Shao-huan	(李紹煥)	4th Light-keeper B.	49	" "	
Yeh Shun-pao	(葉順係)	-"-	38	" "	
Liu Jen-fu	(劉仁富)	-"-	36	" "	
Ting Fu-chen	(丁甫鎮)	-"-	33	" "	

*Port Allowance.

1947 年海关工资单

旧海关档案中的浙江记忆

1948 年下半年江海关宁波分关预算科目会计项目对照表

1949 年 5 月江海关宁波分关实发国营事业待遇项下员工生活补助费及各项津贴月报表

5

关税征收与近代浙江建设

近代以来，由鸦片贸易所产生的关税是浙海关关税收入的重要来源，但自 1887 年开始，浙海关鸦片关税严重下降。1890 年 12 月，海关监督与驻宁波各条约国领事一致同意实行《土货外运子口税票的填发和回收规定》。"浙海关的员工，在实行征收鸦片厘金新制度时有所增加，而且关税区域随着 1887 年秋天，在靠近江苏的枫泾和南浔设立鸦片分所而有所扩大"。[24] 1882—1891 年，瓯海关的税收从关平银 15982.748 两上升至 31418.878 两，增加了 96.5%。"关税增加主要归因于自 1887 年以后，征收鸦片厘金以及下列物品所征收的出口税：橘子、橘皮、红茶及未烘制茶叶、烟叶及 kittysols"。但由于起征厘金、高运费率和本土的鸦片种植增加，鸦片关税则减少到关平银 2901 两。[25] 1892 年瓯海关关税总收入为关平银 36996 两，1899 年为关平银 64574 两，而 1901 年骤降为关平银 45981 两。必须指出的是，自 1900 年 7 月以来，中国招商局轮船公司的普济号（ss. Poochi）悬挂美国旗航行，不能装运鸦片进港，瓯海关的鸦片关税和厘金收入下降。[26]

经过晚清的过渡，民国时期浙江海关已经形成了一整套完整的税收管理体系，

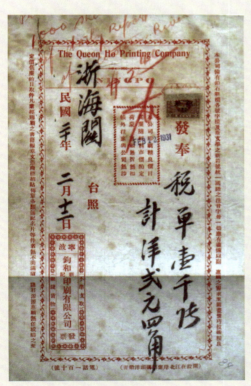

1931 年 2 月 12 日浙海关税单

新 海 關 **Ningpo** *Customs.*

民 國 二 十 八 年 一 月 關 稅 收 支 報 告

REPORT ON COLLECTION AND DISPOSAL OF REVENUE

for the Month of January 1939

付郵日期
Posted *5th February* 1939.
月終後五日以內
not later than five days after end of each
month (Circular No. 1865).

收到日期
Received .... 19........

關稅收入係用
The Revenue is collected in—

海關金單位　　　　　按每日當地所定徵收率平均計算　　　　　關金　合國幣
Gold Units .... @ average daily collecting rate .... G.U. 100 = St. $240.46
[as fixed locally]

海關金單位　　　　　按每日遵照總稅務司署所定徵收率平均計算　　　關金　合國幣
Gold Units .... @ average daily collecting rate .... G.U. 100 = St. $
[as supplied by the Inspectorate]

法幣
Legal Tender ....

本地通用幣
Local Currencies *:—

　　　　　　　　　　按每日當地所定徵收率平均計算　　　　　合國幣
　　　　　　　　　　@ average daily collecting rate .... = St. $
　　　　　　　　　　[as fixed locally]

　　　　　　　　　　按每日當地所定徵收率平均計算　　　　　合國幣
　　　　　　　　　　@ average daily collecting rate .... = St. $
　　　　　　　　　　[as fixed locally]

關稅存放
The Collection is lodged locally in—

本關鐵櫃　　係
Customs Chest, in ....
[關金 G.U.]　[本地通用幣 Local Currencies]　[國幣 Standard Dollars]

Central 中央銀行係 Bank, in　G.U.　　　　　St. $
[關金 G.U.]　[本地通用幣 Local Currencies]　[國幣 Standard Dollars]

解入總稅務司關稅帳內係用
Remittance to I.G. Revenue Account is made—

海關金單位免計滙費
in Gold Units at par.

法幣　　　　　　　免計滙費
in Legal Tender .... at par.

　　　　　　　　　每國幣百元計滙費國幣
　　　　　　　　　at a cost of St. $ .... per St. $ 100.

本地通用幣按平均率　　　　　合國幣
in Local Currencies @ the mean rate† of .... = St. $ 100.

因當地情形除海關金單位及法幣之外必須暫行徵收地桶貨幣而經特准者應將各諸項貨幣名稱及其按
日當地所定之徵收率計算之平均率附註於此項目之下
local conditions necessitate the temporary acceptance, under special authority, of currencies other than gold units and legal tender,
explanatory remarks giving names of such currencies and their average daily collecting rate as fixed locally are to be inserted under
as heading.

本月所課本地通用幣總數
otal amount of Local Currencies remitted.

通用幣所得國幣總數
otal amount of Standard Dollars realised.

1939 年 1 月浙海关关税收支报告

这一体系包括对进出海关货物和报关活动的监管。申报制度、许可证制度、查验制度、保结制度、红箱制度和三联单制度构成了浙江海关关税货物监管的主要环节。而浙江海关对于报关行与报关活动的监管也日趋成熟。

这一时期，浙海关、瓯海关和杭州关的关税收入及各海关不同税种收入的变化都是十分明显的。[27] 辛亥革命后的 10 年间，浙海关的平均税收为关平银 441000 两，比上一个 10 年减少 181000 海关两。浙海关关税下降主要原因在于禁烟运动引起的鸦片税和鸦片厘金的减少，这两项是 1912 年起停收的。此后，经浙海关出口到国外的茶叶又予以免税，这样一来每年又让出了 80000 海关两。至于进口税，应该看到许多来自国外的货物是先在上海纳完税，持有免税证后再运到宁波的。这

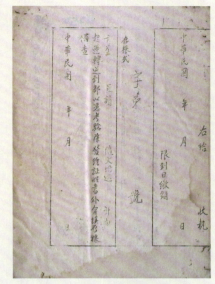

浙海关监督公署开具的免税凭证及存根

一时期，出口关税占瓯海关关税总收入的88%。瓯海关的关税总额从关平银 54145 两增加到 66879 两。1912—1921 年，杭州关的税收显著下降，最高为 1912 年的关平银 544823 两，最低为 1920 年的 174364

粘贴贰分印花税的外国进口货物报表

两。[28] 就出口税收而言，导致收入下降的主要原因在于茶叶和丝绸出口数量减少。尽管由于第一次世界大战的影响，政府调整并降低出口税率直至最终完全豁免，但是出口茶叶的数量还是在日益减少。而原先依靠水上运输的丝制品则由于火车的开通而纷纷转向铁路运输，通过上海出口。相比之下，进口税所受到的影响相对较低。1914 年 5 月以前，进口洋货从上海到苏杭口岸的复出口，要先在上海退还关税，到达目的地后再征关税。此后，免税区已扩展到苏杭口岸。由于运照、免重征执照的出现，杭州关进口税的降低微不足道。

1922—1931 年，浙海关所征收的税课，除赈捐及救灾附加税外，1922 年共为关平银 396700 两，突破了从前的记录。到 1929 年，因新订海关进口税税则，浙海关进口税课突然激增。该税则自 1929 年

2 月 1 日实施，规定所有向内地税局征收的"二五附税"[29] 以及煤油特税局征收的煤油特税，都由海关并征。1931 年 6 月 1 日，新订海关出口税税则施行，其中税率稍有变更，但对本埠出口贸易的影响甚微。这一时期，瓯海关的税收总额大幅增长，从 1922 年的关平银 68834 两增加到 1931 年的关平银 231912 两，增长率为 237%，其中 84% 的增长源于出口税和转口税的增加。相比之前十年，1922—1931 年杭州关的税收总额有所减少，其中进口税的比重最高只占 5.90%，出口税的比重一直维持在 80% 以上，最高达 91.80%。[30]

浙江海关除征收关税外，还根据中央

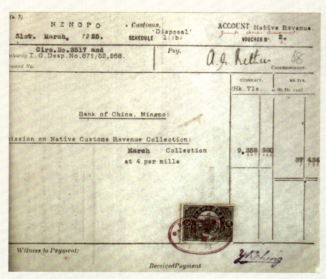

中国银行出具的关税缴纳凭证

宁镇两关印发各项单照账

政府的规定，或受主管部门、地方政府的委托并经海关总税务司署同意后，代表其他部门征收税费。这些税费由海关征收后，即移交给相关部门，缴解中央国库或作为地方财政收入。浙海关所代征的税费比较有代表性的有规费和码头捐。根据1927年12月宁波市公布的《宁波市码头捐条例暨特别码头捐则例》，浙海关代市政局征收码头捐。而自1928年4月1日开始，原本由浙海关税务司代收的厘金转由浙江邮包厘金局接管。瓯海关代征的税费比较有代表性的是救灾附加税（附征赈捐）。该税款一直作为偿还美国棉麦贷款本息之用，直到1946年4月29日才停止征收。杭州关代征的税费比较有代表性的是邮包统捐（厘金）。1928年5月19日，杭州关将征收邮包厘金事务移交浙江邮包税局，停止代征。

近代浙江海关的关税除了用于海关本身的运作外，其中相当一部分用于浙江的各项建设，其中涉及航运安全的新式灯塔基本是由浙江海关负责修建与日常维护的。晚清民国时期，浙江沿海的航标管理一直属于各海关的管辖范围。当时，各海关对浙江沿海的海务管辖有明确的分工，

杭州湾向北沿海，属于上海江海关管辖；杭州湾往南至台州海域属于浙海关管辖；而自台州起向南沿海至福建霞浦县南关澳的海域属于瓯海关管辖。1882—1891年浙海关十年报告记载了这一时期宁波地区修建的三座灯塔：

在本10年期间，宁波地区有三座灯塔展光，即邦翰岛（Bonham Island）灯塔、悬崖岛（Steep Island）灯塔，均于1883年建成；洛卡岛（Loka Island）灯塔，于1890年建成，以上均由江海关管理。建造洛卡岛灯塔时，宁波的福建商人，因为灯塔有益于宁波、福州的民船贸易而主动捐助了2000元。1886年夏天，由普陀岛上僧侣竖立一

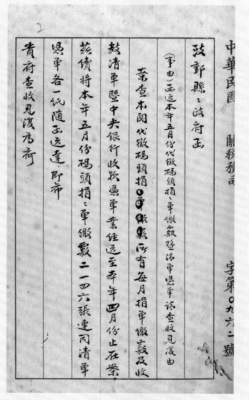

浙海关关于代征码头捐事宜致鄞县县政府函

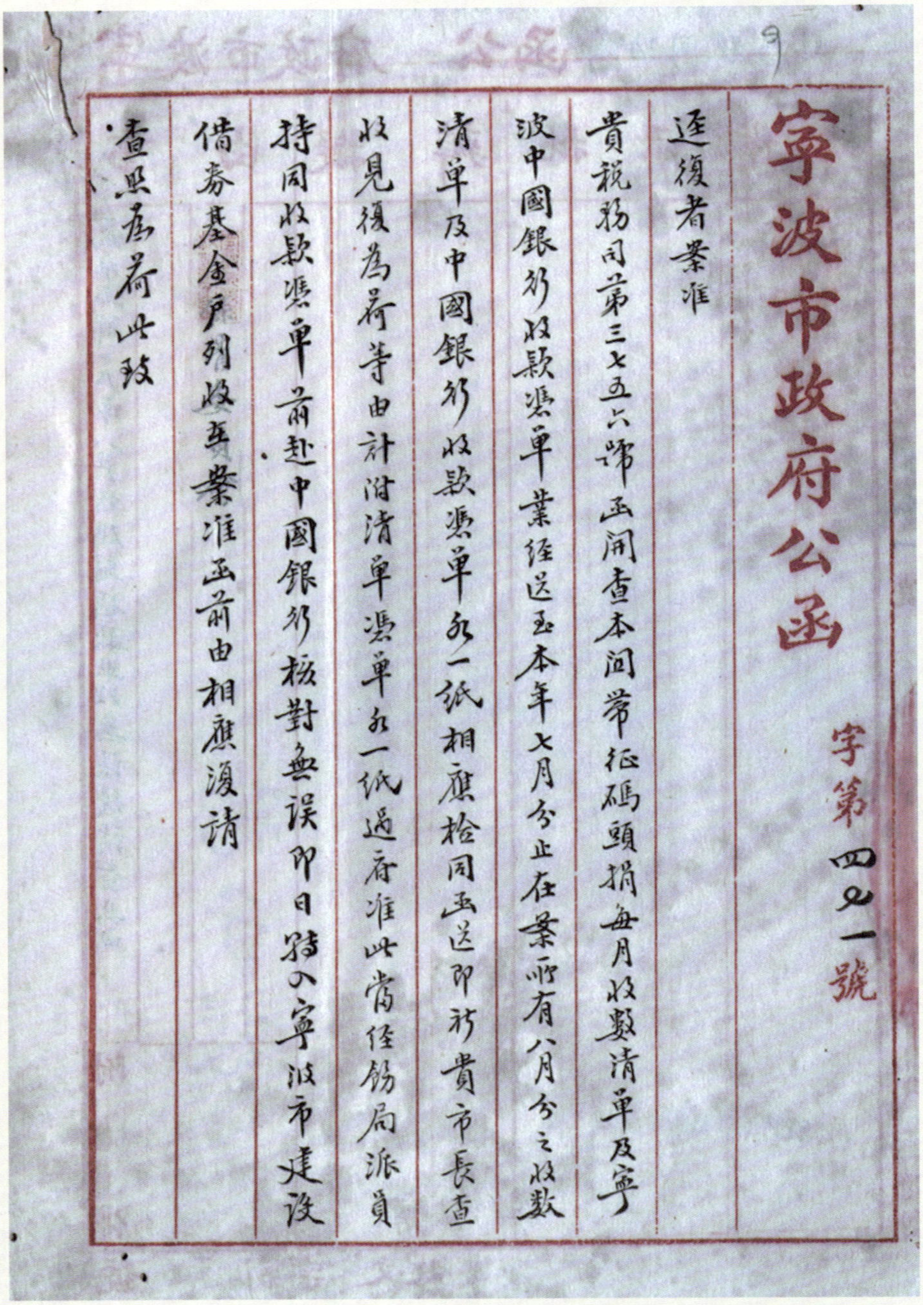

宁波市政府公函 字第四二一號

逕復者案准

貴稅務司第三七五六號函開查本關帶征碼頭捐每月收數清單及寧波中國銀行收欵憑單業經送到本年七月分止在案亦有八月分之收數清單及中國銀行收欵憑單另一紙相應檢同函送即祈貴市長查收見復為荷等由計附清單憑單另一紙過府准此當經飭局派員持同收欵憑單前赴中國銀行核對無誤即日特入寧波市建設借券基金戶列收至案准函前由相應復請

查照為荷此致

宁波市政府致浙海关税务司公函（其中指出由浙海关税务司代为征收的码头捐收入纳入宁波市建设借券基金）

座小灯塔，塔为砖造，17英尺高，六角形，照明设备是10枝吊灯装两面反射镜，光射距约4英里。

——[美]墨贤理（H. F. Merrill）：《浙海关十年报告（1882—1891年）》（1891年12月31日）[31]

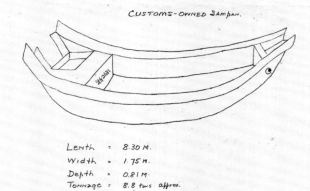

海关所属船只模型图

而根据《中国沿海灯塔志》的记载，宁波主要的灯塔还有唐脑山灯塔、鱼腥脑灯塔、七里屿灯塔和虎蹲山灯塔等。[32] 宁波港甬江口外的七里屿灯塔，系晚清时期修建，"透镜，白光常明，灯光点距水面十丈五尺"，晴天可以照射十五里，大雾天气以锣引导。[33] 1903年，七里屿灯塔由常明式转变为明灭式。1920年添置了雾炮。1925年，浙海关花费24000两上海规元[34]重建岛上灯塔站，新灯标高148英尺。还有一支6磅重的枪，专门用来向镇海发射信号，表示邮轮已到。1932年装上了乙炔白炽灯，每1.5秒自动闪光一次，光强从原来的60烛光提高到250烛光。此外，在虎蹲山以东的游山江礁也设有灯标。[35] 白节山灯塔，由浙海关税务司于1884年修建，每夜点灯远照，以利船行。[36] 初期其管理人员为宁波海关雇佣的外国人，1915年所有管理人员全部换成了中国人。1915年6月，甬江口江南石勘码头钢铁灯标建成，上面有一个笼和一盏红灯，用于航道引导。[37] 甬江内还有朱家河头灯标及上白沙灯标。除此之外，宁波唐脑山灯塔于1915年配备了3.5秒自动闪光的乙炔灯，代替了原来的单蕊喷灯，光强度提高了7倍（原来为155烛光）。1916年又增添了新的设备，使光度进一步提高到2500烛光。鱼腥脑灯塔，原先光强为3000烛光，1926年又加以改进，光强度提高到6000烛光；1930年，更新了全部老式挂灯和其他仪器，装置了新的水银浮标，使光强度提高到55000烛光。[38] 而在甬江上，浙海关于1936年设立了江南镇张家碶灯桩、梅墟灯桩、游山江礁灯桩2座、浮筒1座。截至1949年5月，宁波港域有虎蹲山、七里屿、花鸟山、鱼腥脑、白节山、小龟山、洛伽山、太平山、半洋山、唐脑山、

虎蹲山灯塔近景

虎蹲山灯塔远景

七里屿灯塔近景

七里屿灯塔远景

东亭山、下三星、菜花山灯塔13座,除虎蹲山、七里屿2座灯塔尚完好外,其余灯塔都没有灯。[39]

台州海门港北鱼山灯塔位于东瓜山西北约100海里的北鱼山东南端高岩顶端,东经122°15′40″,北纬28°53′15″,塔高300英尺(约91.4米),灯高出海面345英尺(约105.1米),为浙江沿海最高的灯塔,系1895年修建。[40]透镜,白光,乍明乍灭,灯光点距水面二十九丈四尺(约98米),晴时能照七十八里。[41]北鱼山灯塔在当时是远东最大的灯塔,日本侵华战争时期被日军炸毁。

温州港江心屿东面的象岩礁石威胁船舶航行和停泊的安全,因此瓯海关于1878年7月在该礁上竖立一根长25英尺(7.62米)的铁杆,顶端上置一个直径3英尺(0.91米)的蓝罩,作为航行标志。这是温州港历史上最早的一座航标。1894年,由于甲午中日战争爆发,该灯塔在当地政府要求下被临时撤除。1906年9月13日开始,瓯海关在象岩标上悬挂红色煤油灯一盏,作为夜航标志。1908年10月31日,瓯海关在冬瓜山西端造了一个灯塔,由三都澳分关负责管理。1910年,瓯海关在沙洲最南部边缘

从象岩灯塔到河流下游放置了一个航道浮标,作为近海国内航船向导。同年,瓯海关设置港口浮标,1914年又在山北口设置浮标,两处浮标于1917年被撤除。1917年,瓯海关在楠溪江口设置了2个浮标,一个用来标志山北口岸,一个标志十八家洲。

普陀山码头

十八家洲原有旧灯塔被浮标代替。1921 年，瓯海关又设置了 2 个新浮标，一个在七都涂，一个在社田的对岸。1919 年夏天，在瓯海道尹的鼓励下，地方官员举行了一场募捐活动，官员与商人共捐款 600 元，用于在温州城上游 5 英里处北岸修建一座高 16 英尺的石制灯塔。灯塔安装的是白色灯，用于指明航道上的礁石。灯塔常年运营经费为 120 元。1922 年 9 月 11 日的强台风破坏了温州港所有的浮标和灯塔。1926 年 8 月 15 日的另一次强台风卷走了除象岩灯塔之外的其他航标设置，因此，楠溪江口的山

石浦港

远眺海门镇

北口浮标被废止。这一时期温州港口航标运营值得关注的是1927年后瓯海关管理的灯塔仅剩下象岩灯塔，冬瓜山灯塔转交上海海关管理，其余地方管理的灯塔通过向过往船只收费维持运营。[42] 抗战期间，温州港航标被全部撤出，直到战后才由瓯海关继续负责航标的管理工作。

浙江沿海海关修建的灯塔在近代浙江航运中起到了非常重要的作用。《中国沿海灯塔志》评价道：

> 宁波各灯，自成一系，与距岸较远诸灯之连锁，显然分离，对于远洋船舶，功用甚微，即于沿岸驶行船只，为助亦鲜，但于杭州湾内往来船只，裨益甚大，几为不可须臾或离，而对沪甬航线，所关尤巨。该线非独为曩昔洋货运输内地之孔道，即在今日，亦为汽艇、小轮航行必由之程途。[43]

马克浮标

除了修建灯塔外，浙江海关还进行浙江沿海航道的测量、参与岸线码头的修建等维护航运安全的各项工作，构成了近代浙江沿海基础设施建设的重要环节。

定海港

旧海关档案中的浙江记忆

舟山群岛

6

海关缉私与近代浙江治安

　　走私是一种罔顾海关法律法规、违背经济贸易规则的违法行为，自古以来主权国家对走私行为奉行严厉打击的政策，而海关则是政府缉私的主力军，承担着发现并打击走私活动的职责，保证地区商品贸易经济的正常运行。近代以来，浙江三大海关机构在宁波、温州以及杭州区域对走私活动与相关违规品非法运输入境或出境等行为的打击方面发挥了重要作用。

　　走私很早就出现在浙江沿海，而最盛行的时代则是在明代实行勘合贸易时期，走私商人形成多种武装走私集团，占据宁波口外海岛为根据地，内外勾结走私。当时查缉走私，是市舶司依靠宁、绍、台兵备道的水军联合进行。而在近代，鸦片战争之后中国逐步沦为半殖民地半封建社会，浙海常关的缉私权力受到破坏，大量海关

海门的缉盗船

缉私活动是由外国人控制的浙海关税务司负责的。

1843 年，中英《五口通商附粘善后条款》签订，其中就有关于对走私活动的处理方式的描述："其偷漏之货，无论价值、品类全数查抄入官，并将偷漏之商船，或不许贸易，或俟其账目清后严行驱出，均不稍为袒护。"[1] 而英国全权大臣璞鼎查也表示对走私行为绝不姑息，英国的船只非法走私也将按照中国法律查处。但英国的走私行为并没有因此得到遏制，而是越发频繁起来。在一系列不平等条约的签订之后，外国商人取得了最低的税率，但这并不能让这些贪得无厌的侵略者感到满足。1843 年至 1854 年的十年间，外国商船无限制地在宁波走私逃税，甚至进行大规模的鸦片走私行动，置中国法律与条约中的声明于不顾。这样，宁波以其特有的港口优势成为外国商船在中国进行走私的一大市场。

《赫德日记》中记载了宁波当时的走私活动："宁波渐渐地聚集起一个外国人的小社会，其中良莠杂处，国籍不同——有亡命之徒，有走私贩子，也有敲诈勒索者。"这样的社会乱象极大地破坏了宁波

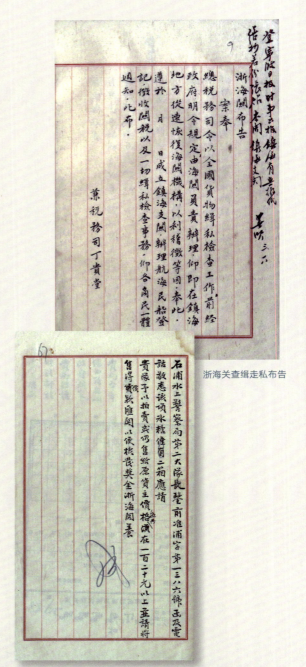

浙海关查缉走私布告

浙海关关于查禁走私物品致石浦水上警察局第二大队函

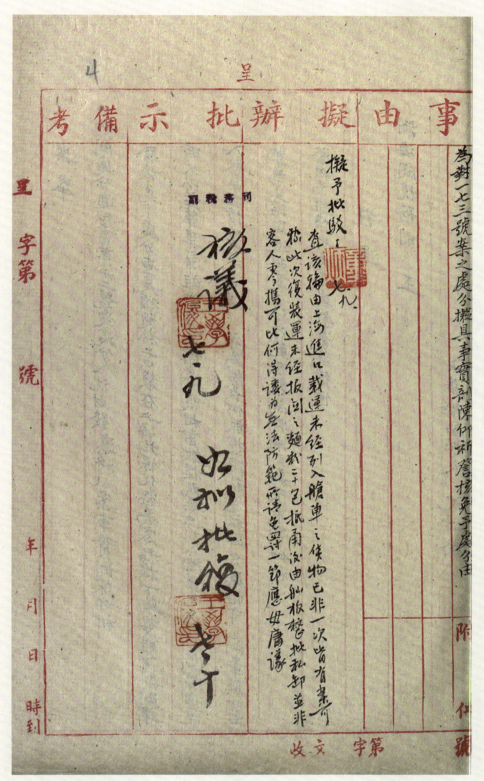

為對一七三號案之處分辦具事實訊陳仰祈鑒核免予處分由

附　仁　號

司稅務司

擬予批駁　九

查該輪由上海進口載運未經列入艙單之貨物已非一次皆有案可稽此次復裝運未經報倒之麵粉二千包抵甬後由躉船搬駁批私卸並非客人零携可比何得謂為無法防範乃謂一節應毋庸議

核議　七九

如擬批復　七十

考　備　示　批　辦　擬　由　事

呈　4

里字第　　號

年　月　日　時　到

收文字第

浙海关稽查商轮走私的批示

海关的出口贸易，逃税数额惊人。"据说到 1850 年，逃税数字已经非常庞大，以致海关报给领事馆的出口贸易统计表完全失去了实际意义。在宁波，中小额贸易中估计有一半是走私货……"[45] 第二次鸦片战争后，类似情况仍然没有得到好转，浙海关只有没收权，而对走私的罚款权则被剥夺。辛亥革命后，这样的走私行为仍屡禁不止，使得浙海关关区内的走私情况非常严重。

可以看出，浙海关在英国等列强的压制下，其缉私权受到了严重侵害，但晚清浙海关依然将缉私作为要政，在海上积极查缉走私活动。"1873 年 3 月 27 日深夜，英国商船'申丽源华'艇由上海来宁波，趁黑夜，驶进镇海三官堂口，私自停船，未经报关，亦没有领取开舱单和起货准单，擅自起驳石膏、焰硝等货物。浙海关接到报告后，关员当即查缉英国商船的走私活动，没收有关货物。"[46]

此外，浙江沿海的海盗活动也是海关关注的重点。对此，相关资料均有大量记载：

上海捕蟹船案子今天上午送来。船从上海下来，遇到海盗袭击并被劫走；后为亚提斯船长所救，

他把一个马来人放在船上。亚提斯同意把船安全
送回宁波，如果该船能在拉格德群岛停泊并等候
他从郭施拉岛回来的话。但是后来刮起了顺风，
中国人认为不必等他，于是自己继续前进，结果
在靠近镇海时，再度被劫。

——《赫德日记》，1854 年 12 月 28 日，星期四[47]

浙江沿海不时有不同程度的海盗现象存在。
在这 10 年的最后两三年间，发展很猖獗。1890
年 12 月，一群海盗攻击一条在石浦附近被误认为
是商船的军用民船。海盗撤退不及，六名海盗被
停斩首，头送到宁波，悬挂城门外示众。在台州
府有海盗的据点。海盗在海上和陆上都进行抢劫，
攻打海岸边的村落，掠夺人家，对待村民极为凶残。
到 1891 年将近年底时，省最高当局方才严重关切
这一危险，但由于文武官员职责区分不清，又无
小型吃水浅的炮艇追捕海盗到浅水区，因此未采
取彻底镇压手段。

——[美]墨贤理：《浙海关十年报告（1882—
1891 年）》（1891 年 12 月 31 日）[48]

甬瓯之间台州洋面，海盗亦甚狓猖，过往船只，
时遭劫掠。18 年（1929 年）12 月，招商局之广济轮，
竟在金清港被乔装旅客之匪徒抢劫，且强迫船员
开往石浦，并将该处外海水警所辖巡船两艘击沉，
枪械尽入匪手。20 年（1931 年）9 月，海盗复于
该轮行施故伎，幸被船长发觉，吁请驻泊黄华附
近之超武巡舰，派员登轮搜缉，拿获海盗十余名，

水上巡缉队部分队员

枪械多支。此后往来客货船只，均备武装护航队，以防不虞焉。

——周子衡：《瓯海关十年报告（1922—1931年）》
（1931年12月31日）[49]

因此，在打击走私的同时，浙江沿海海关还承担着打击海盗的职能，毕竟有不少走私活动和浙江沿海海盗有千丝万缕的联系。出于维护海上秩序的共同目标，浙海关、浙江沿海水上警察局及地方驻军在打击海盗和缉私方面都有许多合作。针对种种走私乱象及海盗活动，浙海关采取了多种形式进行查私缉私、打击海盗。

其一为加强海上缉私力量，增加海上缉私设备等。"本年宁波海面比较平静，

很少出现海盗劫掠民船事件发生。要是能经常有舰艇在附近海面游弋、巡逻和缉私就好了"，时任浙海关税务司的林纳于1868年1月1日向总税务司赫德呈报的报告中如是写道。[50]故而当时浙海关对于缉私人员及装备的需求是存在的。1931年，瓯海关税务司周子衡也以实际的案例指出私犯持枪拒捕，增派巡舰的紧迫性，"私贩猖獗，可想而知，设非增派巡舰，厚其实力，则缉私工作，实难进行"。[51]

其二，浙海关为增强自身实力，有时也联合其他部门一同缉私，主要包括当地驻军、铁路、公路等相关部门。浙海新关建立之初，舟山驻军常常配合海关进行海

浙海关巡缉舰——海青号

上缉私。"1868年9月6日，普鲁士机帆船舵撒号在定海装运私货，就被当地兵勇所缉获，并会同定海厅拿获走私贩子七人，其中一人为英国人，由左营刘游击递解到宁波，浙海关按律处理"。[52] 而铁路、公路部门则主要协助浙海关进行陆上缉私。与此同时，海关也协助海警等部门一起打击海盗。

除此之外，陆上缉私也同等重要。20世纪30年代，浙海关经过查勘认为海上走私道路主要为三条，即北路、南路和中路。北路为上海陆路至乍浦乘橹船渡过杭州湾，到余姚庵东（今属慈溪市）和镇海县的蟹浦，再把货物装内河木船运至宁波。南路从上海经海运，穿过嵊泗、衢山之间，绕过舟山群岛，鄞县东境岛屿，到达石浦，再转到向岩，然后拆装，雇人挑运至象山县的西周或泗洲头，过象山港至翔鹤潭，再运至鄞县横溪，然后通过内河到宁波。再一条线路是定海对面的穿山、柴桥（今属宁波市北仑区）私运货物出口，经过定海的岑港或岱山岛的秀山，把私货运至上海，这是中路，是纯粹的海上运输线。[53] 据此勘察结果，浙海关在穿山、柴桥设立关卡，派有稽征员、查验员，从而加强海上缉私。此外，瓯海关在常关分卡旧址，"如浙闽交界之镇下关，鳌江口之古鳌头，飞云江口之瑞安，玉环岛之坎门，乐清县属沿岸之七里，改设海关缉私分卡，以资堵截"。[54]

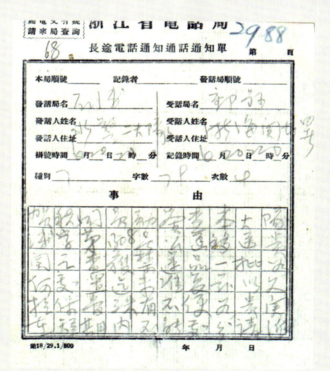

石浦水警二大队与浙海关税务司通话通知单

注 释

1　《宁波海关志》编纂委员会编:《宁波海关志》,杭州:浙江科学技术出版社,2000 年版,第 74 页。

2　《海关总税务司署通令》第 14 号（1867 年 9 月 19 日）,载海关总署《旧中国海关总税务司署通令选编》编译委员会编:《旧中国海关总税务司署通令选编（第 1 卷）》（1861—1910 年）,北京: 中国海关出版社,2003 年版,第 52—53 页。

3　中华人民共和国杭州海关译编:《近代浙江通商口岸经济社会概况: 浙海关、瓯海关、杭州关贸易报告集成》,杭州:浙江人民出版社,2002 年版,第 673 页。

4　《宁波海关志》编纂委员会编:《宁波海关志》,杭州:浙江科学技术出版社,2000 年版,第 93 页。

5　陈善颐:《帝国主义控制下的浙海关》,载浙江省政协文史资料委员会编:《浙江文史集粹（经济卷）》上册,杭州:浙江人民出版社,1996 年版,第 569—573 页。

6　马丁:《民国时期浙江对外贸易研究（1911—1936）》,北京: 中国社会科学出版社,2012 年版,第 43 页。

7　《宁波海关志》编纂委员会编:《宁波海关志》,杭州:浙江科学技术出版社,2000 年版,第 303—307 页。

8　马丁:《民国时期浙江对外贸易研究（1911—1936）》,北京: 中国社会科学出版社,2012 年版,第 46 页。

9　杭州海关志编纂委员会编:《杭州海关志》,杭州:浙江人民出版社,2003 年版,第 432 页。

10　《宁波海关志》编纂委员会编:《宁波海关志》,杭州:浙江科学技术出版社,2000 年版,第 95 页。

11　《杭州海关志》编纂委员会编:《杭州海关志》,杭州:浙江人民出版社,2003 年版,第 432 页。

12　《温州海关志》编纂委员会编著:《温州海关志》,上海:上海社会科学院出版社,1996 年版,第 167—168 页。

13　白斌、叶小慧:《浙江近代海洋文明史（民国卷）》（第一册）,北京: 商务印书馆,2017 年版,第 55 页。

14　澄:《调查: 浙海关述略》,《关声》1928 年第 6 期,第 32—33 页。

15　《宁波海关志》编纂委员会编:《宁波海关志》,杭州:浙江科学技术出版社,2000 年版,第 75—76 页。

16　《杭州海关志》编纂委员会编:《杭州海关志》,杭州:浙江人民出版社,2003 年版,第 400 页。

17　《宁波海关志》编纂委员会编:《宁波海关志》,杭州:浙江科学技术出版社,2000 年版,第 76 页。

18　《浙海关外班华员现任职务分配表》,《关声》1933 年第 2 卷第 5 期,第 86 页。

19　涓洵:《关区指南: 浙海关区镇海分卡小志》,《关声》1933 年第 3 卷第 2 期,第 38—39 页。

20　《宁波海关志》编纂委员会编:《宁波海关志》,杭州:浙江科学技术出版社,2000 年版,第 76—77 页。

21　《宁波海关志》编纂委员会编:《宁波海关志》,杭州:浙江科学技术出版社,2000 年版,第 78 页。

22　《温州海关志》编纂委员会编著:《温州海关志》,上海: 上海社会科学院出版社,1996 年版,第 16 页。

23　《宁波海关志》编纂委员会编:《宁波海关志》,杭州:浙江科学技术出版社,2000 年版,第 98 页。

24　中华人民共和国杭州海关译编:《近代浙江通商口岸经济社会概况: 浙海关、瓯海关、杭州关贸易报告集成》,杭州:浙江人民出版社,2002 年版,第 33 页。

25　中华人民共和国杭州海关译编:《近代浙江通商口岸经济社会概况: 浙海关、瓯海关、杭州关贸易报告集成》,杭州:浙江人民出版社,2002 年版,第 414—415 页。

26　中华人民共和国杭州海关译编:《近代浙江通商口岸经济社会概况: 浙海关、瓯海关、杭州关贸易报告集成》,杭州:浙江人民出版社,2002 年版,第 425 页。

27　白斌、叶小慧:《浙江近代海洋文明史（民国卷）》（第一册）,北京: 商务印书馆,2017 年版,第 85 页。

28　白斌、叶小慧:《浙江近代海洋文明史（民国卷）》（第一册）,北京: 商务印书馆,2017 年版,第 95—99 页。

29　"二五附税"即在关税的基础上加征 2.5% 的关税附

加税。该税最早由广东革命政府于 1926 年 10 月征收，之后南北方各 地陆续开征关税附加税。

30　白斌、叶小慧：《浙江近代海洋文明史（民国卷）》（第一册），北京：商务印书馆，2017 年版，第 97、99 页。

31　中华人民共和国杭州海关译编：《近代浙江通商口岸经济社会概况：浙海关、瓯海关、杭州关贸易报告集成》，杭州：浙江人民出版社，2002 年版，第 27 页。

32　［英］班思德（T. Roger Banister）著，李廷元译：《中国沿海灯塔志》，上海：海关总税务司公署统计科，1933 年版，第 253－266 页。

33　［清］朱正元辑：《浙江省沿海图说》（附海岛表），《中国方志丛书》（华中地方，200），台北：成文出版社有限公司，1974 年版，第 94 页。

34　上海规元为 1856 年起通行于上海的一种作为记账单位的海关虚银记账单位，可以解决流通中使用实银一时供应不足和搬运不便等困难，又称九八规元。1933 年废两改元，上海规元亦停止使用。

35　陈梅龙、景消波译编：《近代浙江对外贸易及社会变迁》，宁波：宁波出版社，2003 年版，第 88、104、123 页。

36　《添建灯塔》，《申报》1884 年 3 月 2 日。

37　陈梅龙、景消波译编：《近代浙江对外贸易及社会变迁》，宁波：宁波出版社，2003 年版，第 104 页

38　郑绍昌主编：《宁波港史》，北京：人民交通出版社，1989 年版，第 315 页。

39　俞福海主编：《宁波市志》，北京：中华书局，1995 年版，第 779 页。

40　童隆福：《浙江航运史》（古近代部分），《中国水运史丛书》，北京：人民交通出版社，1993 年版，第 306－307 页。

41　［清］朱正元辑：《浙江省沿海图说》（附海岛表），《中国方志丛书》（华中地方，200），台北：成文出版社有限公司，1974 年版，第 162 页。

42　陈梅龙、景消波译编：《近代浙江对外贸易及社会变迁》，宁波：宁波出版社，2003 年版，第 156、167、179、198 页。

43　［英］班思德（T. Roger Banister）著，李廷元译：《中国沿海灯塔志》，上海：海关总税务司公署统计科，1933 年版，第 253 页。

44　《中英五口通商附粘善后条款》，载牛剑平、牛冀青编著：《近代中外条约选析》，北京：中国法制出版社，1998 年版，第 145 页。

45　［美］凯瑟琳·F·布鲁纳、［美］费正清、［美］理查德·J·司马富编，傅曾仁等译校：《步入中国清廷仕途 一赫德日记（1854－1863）》，北京：中国海关出版社，2003 年版，第 204、209 页。

46　胡丕阳、乐承耀：《浙海关与近代宁波》，北京：人民出版社，2011 年版，第 210－211 页。

47　［美］凯瑟琳·F·布鲁纳、［美］费正清、［美］理查德·J·司马富编，傅曾仁等译校：《步入中国清廷仕途 一赫德日记（1854－1863）》，北京：中国海关出版社，2003 年版，第 121－122 页。

48　中华人民共和国杭州海关译编：《近代浙江通商口岸经济社会概况：浙海关、瓯海关、杭州关贸易报告集成》，杭州：浙江人民出版社，2002 年版，第 7、8 页。

49　中华人民共和国杭州海关译编：《近代浙江通商口岸经济社会概况：浙海关、瓯海关、杭州关贸易报告集成》，杭州：浙江人民出版社，2002 年版，第 462 页。

50　中华人民共和国杭州海关译编：《近代浙江通商口岸经济社会概况：浙海关、瓯海关、杭州关贸易报告集成》，杭州：浙江人民出版社，2002 年版，第 107 页。

51　中华人民共和国杭州海关译编：《近代浙江通商口岸经济社会概况：浙海关、瓯海关、杭州关贸易报告集成》，杭州：浙江人民出版社，2002 年版，第 462 页。

52　胡丕阳、乐成耀：《浙海关与近代宁波》，北京：人民出版社，2011 年版，第 217 页。

53　《宁波海关志》编纂委员会编：《宁波海关志》，杭州：浙江科学技术出版社，2000 年版，第 235－236 页。

54　中华人民共和国杭州海关译编：《近代浙江通商口岸经济社会概况：浙海关、瓯海关、杭州关贸易报告集成》，杭州：浙江人民出版社，2002 年版，第 462 页。

3

走向世界

海关与近代浙江对外形象

3

走向世界
Towards the World
海关与近代浙江对外形象

"师夷长技以制夷"，魏源在《海国图志》中提出的主张可以说是近代中国变革的目的所在。面对西方的政治、经济、文化和军事的入侵，中国社会各阶层在努力抗争的同时，逐渐认识到，只有通过学习西方的先进知识，完成中国由传统向现代国家的转变，成为工业化强国之后，才能重新奠定中国的大国地位。为此，大批的青年知识分子和幼童开始学习西方科学知识，各种改革与发展思潮在中国涌现。

随着第一批接受西方先进知识的中国学子成才，并服务于社会建设的各个领域，传统中国的落后形象逐渐发生改变。20 世

It can be said that the purpose of the reform in modern China was to "learn the advanced technologies of the West in order to resist the invasion of the Western powers", which Wei Yuan had put forward in his book *Records and Maps of the World*. In the face of the political, economic, cultural and military invasions of the West, people of different classes in China, while struggling to resist, gradually realized that only by learning advanced Western knowledge, completing the transformation from a traditional country to a modern state and becoming an industrialized power, could they re-establish their state status

纪初，中国的变革已经由表及里，广泛而又深入，如政治领域的变革已经从"开启民智"转变为探索资产阶级政治改良；经济领域的变革从设厂制造到努力建设近代民族工商业；文化领域的变革从"兴西学""育人才"向近代文化教育体系转轨。在中西文明交汇的基础上，中国的风貌发生翻天覆地的变化。

晚清宁波开埠后，浙江社会各阶层在面对西方政治、经济与文化冲击的过程中，亦经历了从迷茫到革新的转变。从最早从事商业活动的"买办"到留学欧美的"幼童"都能看到浙江群体的身影。20世纪初期，浙江各地劝业会、农事试验场、织业试验场、水产试验场和商品陈列所等实业团体和场所接连成立，各种工业学校、商业学校、职业学校等实业教育纷纷举办，推进了浙江经济的发展和工业化进程，浙江民族资本主义逐渐发展和壮大起来，并在全国经济与政治活动中产生较高的影响力。浙江传统宁绍商帮向现代工商业转型的同时，还形成了像"江浙财团"等金融资本、工商航运资本相互渗透、相互融合的资本集团。

在现代国家政治活动中，浙江群体也发挥了重要作用。作为最早开放的区域之一，浙江群体较早地接受了西方现代政治思想，并将其融合到对传统中国的改造当中。

伴随经济与政治的发展，浙江的社会结构发生变化，在传统地主与农民阶级相

as a great power. For that reason, a large number of young intellectuals and students began to learn Western knowledge, and various ideas of reform and development emerged in China.

As the first batch of Chinese students who received advanced Western knowledge accomplished their studies and served in various fields of social construction, the backward image of traditional China gradually changed. Since the beginning of the 20th century, China's reforms had gone from the outside to the inside, growing expansive and fundamental. For example, in the political field, the efforts of "enlightening the people" changed to exploring bourgeoisie reformism; in the economic field, "setting up factories and manufacturing" changed to striving to build a modern industry and commerce; in the cultural field, "promoting Western knowledge" and "cultivating talents" changed to establishing a modern cultural and educational system. The convergence of Chinese and Western civilization has brought about drastic changes in this country.

After Ningbo was opened as a port in the late Qing Dynasty, people in Zhejiang experienced initial confusion and then renovation, affected by the political, economic and cultural impacts from the West. From the earliest "compradors" engaged in commercial activities to the "young children" studying in Europe and the United

对立的同时，出现了新式的资产阶级和工人阶级，并逐渐增强对社会的影响力。此外，传统士大夫阶层趋于消亡，近代知识分子阶层崛起，通过宣传和普及科学文化知识，加速了浙江的从传统向现代的变革，并在全国产生了巨大的影响。在文化领域，浙江学人不仅会通中西，还熔铸古今，在重视和吸收西方现代文化的同时，也没有忽视对中国传统文化的继承和发扬。以章太炎、王国维、蔡元培、鲁迅等人为代表的近代知识分子，仍保留着中国优秀传统文化的印记。

作为基本跨越整个近代历史时期的档案文献，浙江的旧海关档案从不同角度记载了浙江形象从传统到现代蜕变的过程，展示了近代时期外国人对浙江形象认知的转变。

States, you could see the figures of Zhejiang people. At the beginning of the 20th century, various industrial organizations and places such as industrial expositions, merchandise display houses, weaving industry experiment plants, and experiment farms for agriculture and aquatics, were successively established in various regions of Zhejiang. One after another, industrial, commercial and vocational schools were set up, which promoted the development of Zhejiang's economy and industrialization. The province's national capitalism gradually developed, exerting a growing influence on the economic and political activities of China. While the traditional Ningbo-Shaoxing Merchant Group turned to engage in modern industry and commerce, it also formed many capital groups like the "Jiangsu-Zhejiang Consortium" that integrated financial capital and industrial and commercial shipping capital.

In modern national political activities, Zhejiang people also played an important role. Living in one of the earliest opening regions, they were among the earlier recipients of Western modern political thoughts, and applied them to the transformation of traditional China.

With the development of economy and politics, Zhejiang's society changed. While the traditional landlords and the peasant class still stood in opposition, the new bourgeoisie and working class emerged and gradually increased

宁波女子师范学校

their influence on the society. In addition, The traditional class of the literati and officialdom tended to die out, while the modern intellectual class rose. Through the dissemination and popularization of modern scientific and cultural knowledge, Zhejiang transformed itself rapidly from a traditional province to a modern one, and exerted a great influence on the whole country. In the field of culture, Zhejiang intellectuals not only integrated the Chinese and Western, but also combined the past and the present. While attaching importance to and absorbing the modern Western culture, they did not forget to inherit and carry forward the traditional Chinese culture. The modern intellectuals represented by Zhang Taiyan, Wang Guowei, Cai Yuanpei, and Lu Xun still retained the mark of Chinese traditional culture.

Spanning nearly the entire modern era of China's history, the old customs archives of Zhejiang recorded from many perspectives the transformation process of Zhejiang from its traditional stage to its modern magnificence, showing the changes of foreigners' perception of Zhejiang in modern times.

绍兴通艺学堂

7

世界博览会上的浙江身影

博览会是综合衡量一个地区经济水平以及文明程度的尺码之一。各种类型的展览会、陈列会、劝业会、劝工会等都属于博览会的范畴。工业革命之后，以英国为首的西方资本主义国家形成了以工业制品为主要展览对象的博览会形式。1851年，英国在伦敦举办"万国工业博览会"，宣传其工业革命所取得的成就，会展时间长达五个月。当时，有一位名叫徐荣村的上海商人带着自己经营生产的12包中国特产"荣记湖丝"参加了伦敦"万国工业博览会"，引起轰动并获奖，但这并没有引起当时中国政府的注意。反观法国、美国、奥地利以及日本等国家，都紧随英国其后走上发展博览业的道路，并清晰地认识到博览会对于国家经济以及形象所发挥的影响力。第二次鸦片战争后较长的一段时期内，中国参加的海外博览会都是由海关包办的，时人称之为"赫德之赛会"。

浙江产品再次亮相世界博览会是1873年的奥地利维也纳世界博览会。当时的奥匈帝国为清除1866年普奥战争失败的影响，于1873年举办世界博览会，主题为纪念皇帝弗朗茨·约瑟夫一世执政25周年。博览会的16个展示厅内布局根据国家位置而设计展示体系，每个国家的展品都靠着其地理上的邻国，所以只要观赏了不同国家的展品，就可以获知基本的世界地理知识。这次展览会上，中国展出各类展品总计5320件，其中宁波参展的产品多达323件，分布在12个项目中，基本上是农产品与传统手工制品。[1]

为庆祝国家独立一百周年，1876年5月10日至11月10日，美国在费城召开国际博览会，历时六个月，共有包括美国、法国、英国、俄国、中国、日本等三十七个国家参加，978万多人参观了博览会。博览会设五院展览：各物总院、机器院、绘画石刻院、耕种院、花果草木院。这次展览会，中国代表团带去"七百二十箱，值银约二十万两"的展品。[2]宁波也准备了一批展品，"其中绝大部分是宁波当地一名叫孙新聪之匠人之家具，精雕细琢，独具匠心。是项展览品之总值为12000元至15000元。孙师傅还带了七名木工去美

1873年维也纳世界博览会中国展品目录——海产品、手工制品

国费城，其中有几名是作为博览会中之木工，还有几名是去博览会上表现雕琢技术者"。³宁波地区拥有一批手艺高超的工艺品匠人，在"万工轿""泥金彩漆"以及"宁波绣衣"等工艺品中便能感知一二。今天的我们可以感受到，匠人们当时积极参与到国际展会中，既展示了中国的形象，同时也将"工匠精神"传出国门，推向世界。

统计资料显示，1873年至1905年期间，中国政府至少参加了9次国际博览会，其中获得世界瞩目的莫过于柏林国际渔业展览会。⁴墨贤理撰写的《浙海关十年报告（1882—1891年）》记录了宁波参加世界渔业博览会的信息：

宁波曾在1880年收集展现渔业成就的全面而有价值的展览品，前往柏林渔业展览会参展。后又参加1883年伦敦举行的同类展览。但在后一次展览中，宁波的展品局限于各种小船、木筏的模型，渔网和渔业设备及宁波冰库的模型。冰冻业务是渔业必需的辅助。

——[美]墨贤理（H.F.Merrill）：《浙海关十年报告（1882—1891年）》（1891年12月31日）⁵

对于1880年渔业博览会，浙海关和宁波地方政府都是非常重视的。1880年初，德国定于当年4月在柏林举办渔业博览会，邀请中国政府参加。总理衙门将这一任务下达给宁波府办理。根据当时《申报》的记载，宁波府对此相当积极，经过两个月的精心筹备，宁绍台道道台首先亲往阅视

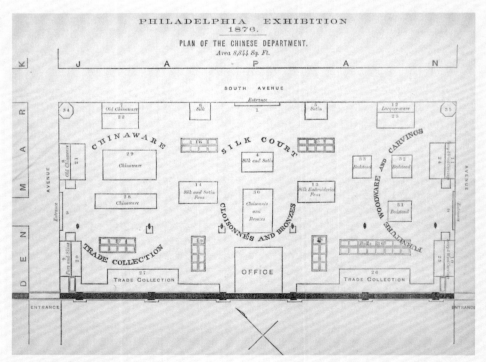

1876年美国费城国际博览会展厅布局

CATALOGUE.

CLASS I.

AQUATIC ANIMALS.

(1) Alive or stuffed, preserved in alcohol or represented in pictures, casts, etc.

(2) Prepared or dried, salted, smoked, pulverized, preserved in tins, etc.,—the various stages of preparation to be shown.

(3) All kinds of products manufactured from aquatic animals.

1	*Scomber maculatus?* / " *thynnus?*	馬鮫魚	Ma-chiao yü.
2	*Trichiurus lepturus?*	帶魚	Tai yü.
3	*Leuciscus sp.*	蜜鮚魚	Mi ku yü.
4	*Scomber scombrus*	花魚	'Hua yü.
5	*Hemiramphus, Ta-ch'en (D. de Th.)*	鱵魚	Chêng yü.
6	*Hypophthalmichthys sp.?*	鰱魚	Lien yü.
7	*Hemibarbus (dissimilis?)*	黃骨鱟魚	'Huang-ku ts'an yü.
8	*Gobius sp.?*	杜父魚, 海船矴	Tu-fu yü, Hai-ch'uan-ting.
9	*Raia pastinaca, R. aquila*	魟魚	'Hung yü.
10	*Cobitis Ni-tsieou (D. de Th.)*	鰌魚, 泥鰍	Ch'iu yü, Ni ch'iu yü.
11	*Bagrus Hei-ya (D. de Th.)*	黑牙魚	'Hei-ya yü.
12	?	吐哺魚	T'u-pu yü.
13	*Lophius piscatorius*	海吐哺魚	'Hai t'u-pu yü.
14	*Gadus morrhua?*	大頭魚	Ta-t'ou yü.
15	*Stromateus Chang yü (D. de Th.)*	鯧魚	Ch'ang yü.
16	?	土附魚, 渡母魚	T'u-fu yü, Tu-mu yü.
17	?	青鱟魚	Ch'ing ts'an yü.
18	*Gadus morrhua?*	山東大頭魚	Shantung ta-t'ou yü.
19	?	黃婆魚	'Huang-p'o yü.
20	*Pagrus sp.*	火魚, 赤色魚	'Huo yü, Ch'ih-sê yü.
21	*Balistes sp.?*	烏滇魚	Wu-lang yü.
22	*Cephaloptera sp.*	蝠蝠魚	Pien-fu yü.
23	?	澤魚	Tsê yü.
24	?	玉柱魚	Yü-chu yü.
25	?	花玉柱魚	'Hua yü-chu yü.
26	?	鱟魚, 蝦鱟	Ts'an yü, Hsia-ts'an.

筹备的展品。"壁上挂有浙海图及捕鱼各种情形图画五十幅，海鸟海鱼俱备，又有中国渔家乐各种画轴细腻无匹，鱼共二百种余，一百三十种俱以酒浸，其余则腌之；鸟共五十种，皆极齐整。另一冰厂模形并煮盐场模形，另有渔船大模及网及渔人草房，皆与原物无别，另制渔人十二，大小相同，衣服皆备，又将各网各篓一并备齐，余外又有以鸟捕鱼之船，亦同大小，鸟与人亦立于其上。"[6]

1880 年的德国柏林渔业展览围绕渔业技术、水产品等专题进行，举办时间共三个月。宁波渔业历史悠久。在《1880 年柏林国际渔业博览会宁波展品特别目录》（Special Catalogue of the Ningpo Collection of Exhibits for the International Fishery Exhibition, Berlin, 1880）中，浙海关美籍税务司杜德维（E.B.Drew）与江海关德籍洋员聂务满（J.Neumann）协助江海关二等帮办、法籍洋员福威勒（Albert Auguste Fauvel）——列明此次宁波及舟山群岛的展品，并对宁波与舟山群岛的渔业作了报告。柏林渔业展览会为方便各国准备展品，将展品分为水生动物，捕鱼器具，水产品的人工养殖，存放和运送水产品的设备原件或模型，处理、加工和保存水产品的设备，渔民房屋模型和服装及其他捕鱼工具，关于水体性质的研究、水生植物和低等生物、水性测试工具，远古以来的渔具原件或复制品、古代渔业行会徽章的模型或图片与印章，渔业统计资料和文学作品、鱼群地理分布图等九个类型。宁波根据此分类进行了全面的展品准备。[7]

而宁波在参加 1883 年的伦敦渔业展览会时，缺少水产品以及渔业文化等相关展品。这次博览会中的中国展品特别目录中记载了中国各地沿海沿江渔业的情况，并解释渔业的专有名词，其中对宁波的介绍

1880 年柏林国际渔业博览会宁波展品特别目录中对宁波和舟山群岛渔业情况的介绍

鸬鹚捉鱼

甬江边的冰窖

32   SPECIAL CATALOGUE OF THE CHINESE COLLECTION.

372 Shrimp Traps : 蝦卡籠, Hsia ch'ia lung.

These differ very little from the foregoing, but instead of one cylinder, two are put together at right angles, one serving as a reservoir for the shrimps caught.

373 Traps for Fish : 卡籠, Ch'ia lung.

a. Extinguisher Traps. These consist of a simple bamboo cage having the shape of a truncated cone, and open at each end. They are used in rivers, lakes, and canals, where the water is very clear. The fisherman sits on his boat, and when the fish approaches he puts the cage over him, and passing his arms through the upper end of the trap, seizes the fish and throws him into the boat. Fishermen sometimes use the spear with this trap, as shown in one of the pictures under Class VIII.

b. Double Conical Traps. Two cones put together serve as reservoirs, whilst the space between them is covered by a movable tunnel through which the fish enter. The whole is made of bamboo basket-work, and is kept floating horizontally in the water.

c. Small Cylindrical Trap. This closely resembles the trap described under No. 368, though it is smaller. At each end of the cylinder is a movable tunnel through which the fish pass. It is as usual placed horizontally in the water.

374 Model—Cuttle-fish Boat : 墨魚船 烏賊船, Mo-yü ch'uan, Wu-tsei ch'uan.

The boat is 17 mètres long, with 2½ mètres beam, and has a double keel—a peculiarity of nearly all Chinese sailing craft. Two masts in the fore part of the vessel bear the sails, which are managed by sailing masters called lowdahs, one stationed in front of the mainmast, the other in the after part of the vessel. The deck consists of movable planks, allowing access to the hold, which is divided into compartments, where the fish are stored until the vessel's return to port. The forward compartment is generally used as a fresh-water tank, and the after compartment as a cooking room. One part of the deck has a wooden roof, and is covered in with mats, and the space thus sheltered serves for the crew at night. The crew of a cuttle-fish boat generally consists of six men. The mainsail is divided into two unequal parts connected together with bamboo ropes. To keep the sails from getting rotten, they are dyed with mangrove bark. When there is no wind, the crew have recourse to two or more yulohs—large sculling oars—to propel the vessel. The anchor in the cuttle-fish boat, as well as in all other similar craft, is made of hard-wood. The net hangs over the side. The masts can be unshipped and stowed on deck. On either side of the bow outside the boat an eye is painted, which, according to the superstition of the country, serves to find the vessel's way and preserve her from mishap. Fishing for cuttle-fish is carried on both by day and by night. At night a fire is lighted on deck, by the glare of which the fish are attracted to the surface of the water.

375 Models—Boats for Night Fishing : 跳魚船, T'iao-yü ch'uan.

These boats are 9 mètres long and 0.40 mètre wide, with a very light draught of water. All along one side of the boat is a board 0.30 mètre wide, projecting out like a shelf, but sloping a little towards the water, and along the other side a net is erected perpendicularly. The board is painted white. Fishermen go out in these boats on bright clear nights, and the light of the moon falling on the board, the fish leap upon it, or over it, into the boat, and are captured. The net prevents their leaping into the water on the further side of the boat.

376 Model—Ordinary Boat : 舢板船, San-pan ch'uan.

Used by fishermen in paying out silk nets in rivers and lakes. Dimensions : 8 mètres × 0.70 mètre.

377 Model—Ningpo Fishing Boat : 甯波捕船, Ning-p'o pu ch'uan.

Dimensions : length 10 mètres, beam 1 mètre. There is a single mast in the fore part of the boat. The deck is made up of movable planks, and the hull is divided into compartments like the cuttle-fish boat. The inmates live on deck, sheltered by bamboo mats.

378 Shrimp Boat : 篦蝦船, Pi-hsia ch'uan.

Dimensions : length, 13 mètres; beam, 2 mètres. This boat differs very little from the preceding ; it has the same shape, but does not rise so high out of the water. The hull, instead of being decked over, is left open, and the boat is simply roofed over with bamboo mats. These shelter mats are quite rainproof. Two compartments serve as reservoirs for the shrimps caught.

1880 年柏林国际渔业博览会宁波展品特别目录中对宁波捕鱼器具的介绍

CLASS III.

COMMERCIAL AND ECONOMIC.

1　Model—An Ice House: 冰 房, Ping fang.

The construction of the ice-house is most simple. Stone walls, generally 20 feet high, covered on both sides with thick layers of mud, are built, and upon these rests a high straw roof. A flight of steps on one side leads up the wall to the entrance of the house, which is a doorway cut through the roof and covered with a straw curtain. Through one wall, on a level with the ground, a door is likewise cut, by which the ice is removed. Gutters traverse the floor of the building, to allow water to escape. The ice is stored in alternate layers with straw mats. The fields around the ice-houses are covered with water, and every morning during the cold season the ice, generally very thin, which may have formed during the night on these artificial ponds, is gathered and stored in the house. Fresh water is thereupon again pumped into the fields from neighbouring streams or canals.

The "Special Catalogue" of the collection made for Berlin, which has already been cited (p. 44), gives the following account of the ice-houses at Ningpo:—

"Ice is a necessity to the fish trade, and the article of next importance after salt. Most of the ice-houses are situated on the banks of the Yung river, between Ningpo and the sea, and nearly all on the eastern shore. As might have been expected in this damp country, they are not built underground, but are on the level of the rice-fields by which they are surrounded. These ice-houses, which number about 300, are all constructed on one system, and are of the same, or nearly the same, dimensions.

"They consist merely of a kind of reservoir, about 65 feet in length and 46 in breadth, composed of four solid and very thick stone and mud walls, reaching about 20 feet above the ground. Upon these walls a high and thick thatched roof is constructed on long bamboo rafters. A door made in this roof, and simply closed by a curtain of straw matting, is reached by two inclined planes or steps, and is used when filling up the ice-house. A smaller door is found at the ground level through one of the walls, and is used for removing the ice. When the weather is cold enough, water is pumped into the rice-fields which surround the structure, and the ice formed there is gathered every morning and put into the house, great care being taken to preserve it as free from mud as possible; and, to insure this, portions of the flooded fields are made deep, and, furthermore, coarse bamboo mats are placed on the road and on the steps upon which the ice is carried. The ice is packed in layers between straw matting, and, when the reservoir is full, a thick covering of straw is placed upon it. On the floor of the structure are small gutters to run off the water which would accumulate from melting ice. Although very simple, this system works admirably, and it is wonderful how well these arrangements resist the intense heat of the summer. A great deal, if not the whole, of their success is due to the very nature of the earth which forms the reservoir. It is a thick clayey loam. It never dries completely except on the surface, and is perfectly impermeable to heat and water, which, in a more porous or sandy soil, would penetrate to the ice and certainly melt it. As it is, the supply often keeps for years, which is a great boon, as in some winters the weather is so mild that no ice can be collected on the ponds or fields. It is for this reason that a special law obliges the owners to have a three years' supply, and some of the ice-houses are kept specially for this reserve.

"The capacity of the ice-houses is from 2,000 to 13,000 piculs each; but these are smaller than the common picul, being one man's load, 80 instead of 100 catties. An ice-house costs from \$300 to \$400, including the land, measuring about two acres, which surrounds it, and from which the ice is collected by hired labourers. It costs about \$130 of coolie hire to gather in 800 piculs of ice. In some cases the pay of the coolies consists of an equal share with the proprietors in the proceeds of the sale of the ice. The price of the ice varies from 6 to 10 cash a catty. One thousand *tan*, or 800 piculs, fetch about \$500 in a good year, the ice being disposed of *à forfait* through brokers. In spring, 8 piculs cost \$3, but in summer the price increases to \$6 and \$7."

2　Window made of Oyster Shell: 明 瓦 窗, Ming wa ch'uang.

有五页，分别介绍了宁波的墨鱼船、冰鲜船、跳鱼船、竹排、鸬鹚船、扳罾船、脚踏船、鱼船悬挂各样旗子、看风旗、冰房、明瓦窗、菩萨蚌壳、渔人形式、台州蛤壳等。[8] 1880 年与 1883 年两次专业性的博览会侧重反映了渔业生产方式、工具以及渔业资源，同时集中地展示了宁波等地区的渔业船只，在博览会上描绘出一幅具有中国沿海特色的水上生活图画。总体来看，与渔业相关的专业性国际博览会侧重于渔业工具、渔船模型等展品。

除了渔业相关的博览会，宁波还参加了 1884 年在伦敦举办的国际卫生展览会。在这次展览会上，中国展厅被划分为多个空间用以展示中国人的各类用品和建筑，细致地展现了中国民众住、食、行、乐等方面的生活图景。宁波送去的展品有："夏季服装衣料；一个中国的卧房，内有宁波家具和盛妆的人像；一幅宁波佛教寺院僧侣火化画图；一集由传教士等人用中文著作或翻译的关于西方科学的中文图书。"[9]

之后，宁波还参加了 1884—1885 年的美国新奥尔良博览会、1904 年美国路易斯安那商品博览会和 1905 年列日世界博览会。1905 年的列日世界博览会中中国展品是由中国驻布鲁塞尔公使、中国派驻列日世界博览会钦差大臣兼监督杨兆鋆（浙江吴兴人）负责。参与博览会筹备工作的中方人员还有很多浙江籍官员。[10] 总体来看，近代宁波参与世界性质的博览会次数在浙江省内甚至在全国名列前茅。[11] 无论是有关渔业海洋或是普通的衣食住行之展览，宁波地区都能够拿出相应的展品参与其中，大大提升了宁波在国际上的知名度，这也奠定了宁波对外开放城市的地位基础。

浙江除了宁波地区，温州也作为口岸城市较多地参与到世界博览会的行列之中。1873 年和 1904 年，温州先后参加了奥匈帝国维也纳世界博览会和美国路易斯安那商品博览会，与宁波地区类似，温州

1884 年伦敦国际卫生博览会中国展品目录中的卧室照片

SPECIMENS OF SILK PIECE GOODS AND GRASS-CLOTH.

(NINGPO COLLECTION.)

No.	Description.	Place of Production	Price per Yard.	
	SILK PIECE GOODS.		s.	d.
1	Gauze, figured, rouge red	Soochow	6	10
2	,, plain, blue	,,	7	0
3	,, figured, light green	,,	6	6
4	,, ,, yellow	,,	4	1
5	,, ,, light carmine	,,	7	0
6	,, ,, tea green	,,	7	4
7	,, plain, blue	,,	7	4
8	,, striped, grey	,,	4	10
9	,, figured, light blue	Kwangtung	6	10
10	Pongee, plain, white	,,	3	9
11	Silk and Cotton Mixture, figured, pink	,,	1	11
12	Gauze, figured, white	,,	6	5
13	,, striped, light blue	,,	6	5
14	,, figured, violet	,,	6	6
15	,, ,, peach	,,	6	5
16	,, ,, aniline blue	,,	6	5
17	,, ,, bright blue	Hangchow	3	9
18	,, ,, rose pink	,,	4	1
19	,, ,, tea green	,,	3	9
20	,, ,, dark green	,,	10	0
21	,, spotted, straw	,,	9	2
22	,, striped, dark blue	,,	9	6
23	,, ,, lilac	,,	6	6
24	,, plain, rose pink	,,	6	6
25	,, figured, white	,,	3	9
26	,, ,, light blue	,,	8	7
27	,, plain, white	,,	5	4
28	,, figured, grey	Chingcha	3	6
29	,, striped, ,,	,,	3	5
30	,, ,, ,,	,,	3	5
31	,, plain, ,,	,,	4	1
32	,, ,, white	,,	2	10
33	,, ,, ,,	,,	3	0
34	,, figured, ,,	,,	3	2
35	,, plain, ,,	,,	3	6
36	,, ,, ,,	,,	3	6
37	,, striped, ,,	,,	3	2
38	,, ,, grey	,,	3	9
39	,, spotted, ,,	,,	3	9
40	,, plain, blue	,,	2	10

E 2

1884 年伦敦国际卫生博览会中国展品目录中的宁波展品

同样以渔业工具、舟船模型以及水产品等为主要展品，这样的经历也使得温州地区在国际上拥有了一定知名度。

除了宁波与温州两个口岸城市，浙江其他城市则较少参与到国际博览会中云，杭州地区多年来无博物馆开设，直到1910年才有了一所官办的商品陈列所，陈列当地产品，但民国建立后被关闭了。嘉兴的商会也有一间常设的陈列室，展出1910年南京南洋劝业会运回的当地展品，并用其他来源同类产品的样品加以补充。[12]除此之外，1915年巴拿马太平洋万国博览会中，包括绍兴方柏鹿酒、景宁惠明茶在内的浙江展品夺得了共151枚（次）奖表，仅次于江苏的199枚（次）奖表。[13]"1919年由浙江省实业监督支持在西湖附近一场址创办了一所浙江省商品展览馆，内有陈列所展出本省各种常见的有贸易价值之产品。来往参观者络绎不绝，颇受人们赞赏也。"[14]因此可以看出，浙江民众对于博览会的举办有着较为浓厚的兴趣，这也成为浙江在1929年成功举办西湖博览会的原因之一。虽说浙江本地的博览会事业出现较迟，且多为简单陈列，并无博览会事业中展品的细致分类与准备等细节性实质，离真正的博览会事业还有

No.	ARTICLE.		PLACE OF PRODUCTION—	PROVINCE AND TOWN.	VALUE.		LENGTH.	WIDTH.	REMARKS.
	Name in English.	Name in Chinese.	Name in English.	Name in Chinese.	Amer. Gold $.	Hk. Tls	Chang. Ch.Vls. T'sun.	Ch.Vls. T'sun.	
	MODELS—cont								
85	Glazing Apparatus	輾布石車	Chêkiang, Ningpo.	浙江 甯波	...	...	...	...	The material having been tightly rolled, the roller is removed and placed on a block of granite, on to which the block, V-shaped, is tilted and worked by the feet of a man, who steadies himself by the two lateral bars.
86	Cotton Press	打包架	Kiangsu, Shanghai	江蘇 上海	...	...	...	...	The dimensions of this press when in use are 8 feet high, 6 feet long, and 2 feet 8 inches broad. The pressing is done by a man dropping into the sack as the cotton is placed in it, and, by a succession of bounds, reducing it to its narrowest limits possible. Having no proper machinery for carding, cotton pressed by any great power would find no favour with the Chinese.
87	Endless-chain Pump	牛水車	Chêkiang, Ningpo.	浙江 甯波	...	...	...	...	Worked by an ox or water-buffalo.
88		人水車	" "	" "	...	...	...	...	Worked by men or boys, who, steadying themselves by the upper bar, tread the hobs on the lower beam.
89	Country Man carrying Cotton to Market.	農人挑花上市	" "	" "	...	...	...	...	
90	Peddler with Pack	背貨藍搖鼓上市人	" "	" "	...	...	...	...	The pack is a number of boxes fitting on to each other. The wares consist entirely of cloth and haberdashery. In his hand the peddler carries a small rattle, by which he signals his presence as he passes along the street.
91	Inland-water Junk : Chêkiang province.	甯紹內河船	" "	" "	...	...	...	...	
92	Sea-going Junk, Cotton laden : Fukien province.	福建海船	" "	" "	...	...	...	...	
93	Literatus writing, with an Abacus by him.	代筆先生	" "	" "	...	...	...	...	The abacus, or reckoning board, is indispensable in all calculations made by Chinese; and in its absence a substitution based on its decimal principle, with the beads represented by copper cash, pieces of paper, or sticks, is resorted to. The two beads on one side of the bar, which traverse it longitudinally, represent five each; the five on the lower division stand for units.
94	Baby (Girl) in chair, with toys : common life.	女孩坐竹欄椅	" "	" "	...	...	...	...	
95	Baby (Boy) standing ; common life.	男孩閒立	" "	" "	...	...	...	...	
96	Mandarin (with paraphernalia), in winter attire.	公服官長	" "	" "	...	...	...	...	

1884—1885年美国新奥尔良博览会中国展品目录中的宁波部分展品

CATALOGUE

—OF THE—

WENCHOW COLLECTION.

GROUP 11.

SCULPTURE.

Exhibit Number.		
1-11	11 Carved Soapstone Ornaments.
12-14	3 " Rose-wood tablets, inlaid with soapstone.
15-18	4 " Soapstone " mounted on stands.

GROUP 16.

PHOTOGRAPHY.

| 19-23 | 5 Views of Wenchow. |

GROUP 18.

MAPS AND APPARATUS FOR GEOGRAPHY, COSMOGRAPHY, TOPOGRAPHY.

| 24 | Chart of Harbor of Wenchow. |
| 25 | Map of City of Wenchow. |

GRQUP 38.

OFFICE AND HOUSEHOLD FURNITURE.

1 Carved wood Screen, bamboo inlaid figures.
1 " " Desk, " " "
1 " " Table, " " "
2 " " Stools, " " "

GROUP 44.

UPHOLSTERER'S DECORATIONS.

4 Picture frames, inlaid bamboo figures.
4 Panels " " "

— 248 —

1904 年美国路易斯安那商品博览会中国展品目录温州部分展品目录

CATALOGUE

—OF THE—

NINGPO COLLECTION.

GROUP 1.

ELEMENTARY EDUCATION.

Exhibit Number.	
1	Model of School.

GROUP 3.

HIGHER EDUCATION.

| 2 | Model of Examination hall. |

GROUP 12.

ARCHITECTURE.

3	Models of an Official's Yamen (office and residence).
4	Model of the Cheng Wang Miao, the chief temple of Ningpo City.
5	Model of city gate and guard house.
6	Model of house with rice, tea, hat and shoe shops.
7	Model of the Altar of Confucius as seen in all Chinese cities.
8	Models of three Pailous (commemorative arches).
9	Model of a lime kiln.
10	Model of a salt factory.

GROUP 18.

MAPS AND APPARATUS FOR GEOGRAPHY, COSMOGRAPHY, TOPOGRAPHY.

| 12 | Mounted Chinese map of Ningpo City and settlement. |

GROUP 23.

CHEMICAL AND PHARMACEUTICAL ARTS.

| 12a | Three jars Ningpo varnish. |

— 238 —

1904 年美国路易斯安那商品博览会中国展品目录中宁波部分展品目录

一定的距离。但可以肯定的是，近代浙江人民具有优良的对外开放心态，同时也有较强的吸收异质文化的能力，这也是当代浙江能够与全球各地区紧密联系的历史基础。

1904 年美国路易斯安那商品博览会中国展品目录中的亭子照片

8

公共卫生体系的初步建立

公共卫生是伴随工业革命发展起来的近代城市文明的产物，是相对于个人卫生而言的"社会共同的卫生"。晚清时期，浙江的公共卫生事业十分滞后，民众的公共卫生意识缺乏，随地便溺、吐痰、乱倒脏水、乱扔垃圾的现象随处可见。城乡居民没有自来水，多饮用河水或浅井水。由于缺乏必要的排污设施，垃圾、粪便、污水通常直接排放到纵横交错的小河里，卫生状况极其糟糕。19世纪70年代，在杭州与宁波，随处可见从住宅内排出的污物与混坐在一起的患有不同病症的病人。恶劣的城市卫生环境为病菌的生存和肆虐提供了有利条件，使得眼病、霍乱、狂犬病、

清末宁波南门水月桥道路

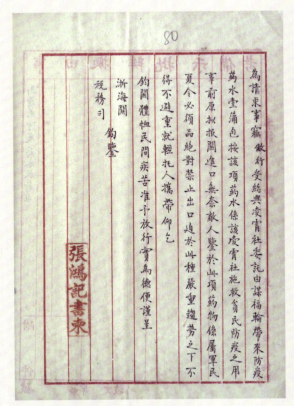

张鸿记为受凌霄社委托携带防疫药事呈浙海关

广济麻风病院礼拜堂落成典礼

伤寒、天花、血吸虫病、麻风病、鼠疫等传染病终年流行。每当瘟疫爆发，因感染上瘟疫而死亡的人口众多，危害巨大。[15] 根据海关报告记载，浙江宁波、温州和杭州爆发多次瘟疫和流行病。

每年都发生霍乱案情，人数或多或少都是致命的。而在1887年的疾病，发病比例惊人，单宁波府一地就夺去生命约2万人。对霍乱流行的恐惧常在。

——[美]墨贤理（H.F.Merrill）：《浙海关十年报告（1882—1891年）》（1891年12月31日）[16]

1895年8月，夏日持久高温，当地民间疾病流行，多人死于霍乱，10月，蔓延至外国侨民。在一个星期内，住在同一大院的四名洋人和两名中国人被该病夺去生命。

——[英]李明良（A. Lay）：《瓯海关十年报告（1892—1901年）》（1901年12月31日）[17]

1902年霍乱严重流行，据说夺去温州3万人性命。1907年再次流行，比前次开始晚，于夏末流行，虽死亡好几千人，并不若前次那样时间长、死亡多。

——[英]包来翎（C. T. Bowring）：《瓯海关十年报告（1902—1911年）》（1911年12月31日）[18]

1902 年在 6 月和 7 月期间城内及周围地区霍乱流行，死者据报道有 1 万人。

1906 年 8 月，（杭州）人口之 90% 的洋人和本国人，患登革热病，通常要一个月内恢复。

——[法] 戴司特兰（H.P.Destelan）：《杭州关十年报告（1902—1911 年）》（1911 年 12 月 31 日）[19]

广济医院病房外景

1913 年杭州发生伤寒和猩红热流行病，有近万人死亡，一时连棺材都供不应求。

1919 年发生霍乱，死了不少人。两年后，到 1921 年天花也在这里流行，也夺去了不少生命。

——[英] 罗福德（L.H.Lawford）：《杭州关十年报告（1912—1921 年）》（1921 年 12 月 31 日）[20]

霍乱年年发生，尤以 1919 年最为严重。该年秋天流行感冒也夺去许多生命，天花流行在 1921 年冬。

——[英] 阿拉巴德（E. Alabaster）：《瓯海关十年报告（1912—1921 年）》（1922 年 2 月 28 日）[21]

本埠于（民国）11、19、20 各年，均有脑膜炎发生。12、14、15、16、18 各年，又有霍乱病流行。天花则年年有之，20 年尤为剧烈，据云一日之间，伤亡孩童达 30 余名之多。

——周子衡：《瓯海关十年报告（1922—1931 年）》（1931 年 12 月 31 日）[22]

宁波华美医院外景

杭州广济医院附设中国盲民福利协会防盲砂眼诊所大门

从海关十年报告可以看出，近代浙江沿海城市比较流行的传染病是霍乱、疟疾等。对于浙江沿海传染病暴发的原因，瓯海关出版的《医报》记载，宁波有记录的最早的霍乱是在1819年印度霍乱经水路由暹罗传到马六甲，再传到宁波的。而瘟疫在浙江也时有发生，"几乎每一个夏季都会发生这种大规模的传染病，从一个地方蔓延到另一个地方，直到现在才被认为是瘟疫"。[23] 此外，恶劣的环境也是疾病流行的原因，如杭州"疟疾流行原因是大量蚊虫孳生于运河、池塘和沼泽之中"。[24]

对于浙江沿海的传染病，海关能直接做出预防的就是加强沿海船只的卫生检疫工作。1877年，瓯海关制订《温州口理船章程》时，未将检疫工作列入其中，但在同年制订的《温州口引水分录》中，都列

有与检疫有关的条款，规定："凡有商船进口，引水人员问明船上如有传染病症者，须指引至该关茅竹桥分卡边口三英里外停泊，并通知船主迅速采取避免传染措施，在驶近该分卡边口时，应即悬挂一面黄色旗号于前桅顶上"。[25] 宁波口岸也在1894年春天，"由海关税务司征询了海关医官的

广济医院门诊手术室

意见，拟定了海港检疫章程。这套章程为道台所采纳。该章程公布于众，并采取了必须与可能的初步措施，付诸实施"。[26] 从当时海关档案记载看，浙江沿海港口的卫生检疫工作得到落实。除了加强卫生检疫工作外，海关还定期对气温等环境信息进行定期检测，从《医报》（*Medical Reports*）温州部分资料可以看到，当时海关对环境信息的监测数据包括温度、气压和降雨量等三部分。[27]

根据海关档案记载，面对严重的疫情，近代中国政府在支持外国医生在浙江沿海开办新式医院并推广疫苗接种的同时，也开始加强市政建设，包括城市环境的改造和自来水供应，从源头遏制传染病的暴发。

当时浙江沿海接种的疫苗主要是针对儿童天花的牛痘疫苗。1796 年，英国医生琴纳发明了可预防天花的牛痘接种法，该法较中国传统人痘接种法更安全有效。19世纪末，英国东印度公司医生皮尔逊开始

Conjunctivitis.
Constipation.
Diarrhœa, simple and tropical.
Entozoa, intestinal.
Gout.
Hæmaturia.
arm (result of heavy fall on Customs Jetty).
Remittent fever.
Rheumatic gout.
Sprue or psilosis.
Uterine vomiting (pregnancy).

I append an abstract from the Customs meteorological observations taken at this port.

METEOROLOGICAL TABLE, April to September 1894.

MONTH.	Highest Reading of Barometer.	Highest Day Reading of Thermometer.	RAINFALL.		REMARKS.
			No. of Days.	Quantity.	
	Inches	° F.		*Inches*	
April	30.100	75	18	7.20	
May	30.200	78	21	9.05	
June	30.000	86	16	11.05	Typhoon on the 29th June; lowest barometer 28.950.
July	29.980	89	4	0.39	
August	29.984	94	8	4.67	Typhoon on the 3rd August; lowest barometer 29.250.
September	30.130	89	10	3.34	

《医报》中对温州气候的记录

HARBOUR NOTIFICATION.
No. 13 of 1926.

Medical inspection of vessels

arriving from Ningpo.

Notice is hereby given that the Superintendent of Customs and the Treaty Power Consuls have declared the port of Ningpo cholera–infected.

All vessels arriving therefrom are to abide, and be governed by the Sanitary Regulations for the port of Amoy.

For the present, precautions will be confined to medical inspection

G. E. SHERMAN.
Harbour Master.

Approved :

F. L. BESSELL.
Commissioner of Customs.

CUSTOM HOUSE,
Amoy, 7th August, 1926.

1926 年海关对来自宁波的船只进行检疫检查

HARBOUR NOTIFICATION.

No. 16 of 1926.

Removal of Medical Inspection
of vessels arriving from Saigon,
Bangkok, Haiphong & Wuchow

Referring to Harbour Notifications Nos 4, 5, 8 and 14 of 1926 notice is hereby given that the medical inspection of vessels arriving from Saigon, Bangkok, Haiphong and Wuchow is discontinued.

G. E. SHERMAN.

Harbour Master.

Approved :

F. L. BESSELL.

Commissioner of Customs,

CUSTOM HOUSE,
Amoy, 8th October 1926.

1926 年海关对来自越南、泰国等地的船只进行检疫检查

在广州一带推广牛痘术。到1874年，浙江、江西、安徽、湖南、湖北等省省会无不设局种痘。[28]"1896年前任税务司创建一所免费种痘所已使接种牛痘疫苗在下层阶层中推广，1911年在孔浦防疫所有近千名婴儿种痘。"[29]

近代不少传教士在浙江传教的同时，也开始将西方医学知识引入浙江。完全按照西方医学模式创办的医院在浙江出现。根据海关档案记载，到1921年，宁波有五家现代化的医院，其中三家是外国主办的教会医院，"其中以城内的仁泽医院最为著名，增添了妇科病房，填补了迫切需要。另外两家中国人管理的公共医院，连上述共三家是在本10年中所开办，就是1916年的江东普仁医院和1918年的红十字会医院"。[30]到1931年，宁波的医院已增加到30所，温州的西式医院有6所。作为省会的杭州不仅有大量新式医院，还附设西医学校。以最有名的广济医院为例，"该院附设护士、助产两校，学生众多，钱塘门外设有分院一所，专治肺病及传染病"。此外，杭州市立病院为杭州市政府创建，"附有分院两所，聘任医师16人。每当时疫流行，临时加设隔离病院，及施行免费注射，以资救济"。[31]

工作中的外籍医生

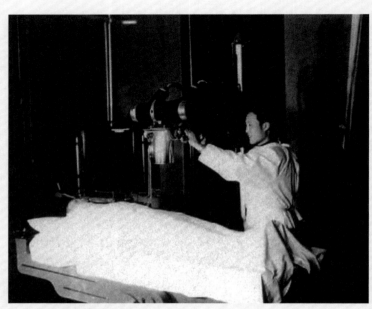
华美医院使用 X 光机为病人检查身体

广济医学校校长与教务长合影

广济医学校为
梅先生滕更昕创设有病院药
局导以实践谆念师承渥荷陶
冶刻石为颂以志弗谖颂曰
先生涖浙四十五年以医救世
实导其先博爱为教宏愿允宣
活人公益万口争传莘莘学子
讲席亲为景仰盛德亦曷後贤
西历一千九百二十四年
中华民国十三年
私立浙江广济医学校全体学生敬颂
闽侯林长民书

THIS TABLET ERECTED BY THE GRADUATES OF THE HANGCHOW MEDICAL
TRAINING COLLEGE, COMMEMORATES WITH GRATITUDE THE 45 YEARS' LABOUR OF

DR. D. DUNCAN MAIN

THIS COLLEGE OPENED 1924 IS ONE OF COUNTLESS
BENEFITS HE HAS CONFERRED ON THIS CITY.

广济医学校新校落成纪念碑

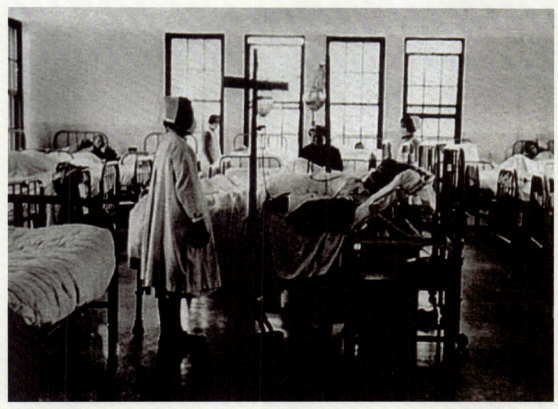

华美医院护理病房

在市政建设方面，温州城的卫生状况表明，当时中国人对公共卫生知识已经有了一定的了解和掌握。温州街道井然有序，铺设细密，道路从中间向两边倾斜形成坡度，并与水沟相连，水沟又在拐弯处和遍布全城的水渠相连。设施供水情况良好，保证秽物不会因为长久滞留而出现腐败，其自成系统，是在卫生科学方面值得称道的进步。[32] 在宁波，浙海关通过市政委员会工程局，通过清洁运动等方式定期清理垃圾和粪便，加强公共卫生管理，特别是加强对河流、污水的管理工作，保证日常饮水的清洁。[33] 清末实施新政后，杭州的公共卫生事业由警务部门兼理，直到1928年才在市政府下设立专门的卫生科管理公共卫生。此外，1929年浙江省政府决定在杭州设立自来水厂，以解决供水问题。[34]

杭州街道

9

旧海关档案中的浙江形象

古代，随着中西方交流的逐渐展开，一些西方著作中开始出现对浙江的描述，比较有代表性的著作有《马可·波罗游记》和《十六世纪中国南部行纪》。[35] 晚明以后，对浙江形象的记载更多地出现在来华传教士的日记和信件当中。近代以来，随着浙江的再次开放，除了商人和传教士以外，更多的外国人被中国政府雇佣，参与到当地的各项公共事业当中，其中接轨西方的新式海关是雇佣外国人最多的部门之一。在浙江沿海新式海关建立的最初几十年，从海关税务司到一般雇员大多由外国人担任。在 19 世纪 60 年代后形成的海关月报与年报制度中，海关档案记录的内容已不仅仅是涉及贸易和港口的内容，还包括地方的自然风光和人文活动。这些档案内容在当时让更多的外国人了解浙江，也是我们现在了解近代浙江文化发展的重要文献。

在海关档案中，对浙江自然和人文风景描述最多的要数杭州西湖了，以下是部分内容的摘录：

杭州西湖全景

绍兴三江闸

杭州保俶塔

绍兴禹陵

杭州灵隐寺

闻名的西湖湖周约 8 英里，湖中点缀着许多岛屿，较大的上面筑有寺庙，景色甚美，历来就有"上有天堂，下有苏杭"之称。西湖的湖光山色附近又多名胜古迹，每年来此观赏、朝山进香拜佛的游客犹如"过江之鲫"，为当地财政添增了不少的收入。西湖西边为丘陵地带，山上从顶到脚，郁郁葱葱。尤其是春季，山上杜鹃花盛开时，景色更是迷人。难怪沪上不少豪门、富商要来此筑别墅矣。稍偏西，又点缀着许多佛教寺庙与庵堂。其中最负盛名的就是灵隐与天竺两大寺庙。

——[英]李士理（S. Leslie）：《光绪二十二年（1896 年）杭州口华洋贸易情形论略》（光绪二十三年正月初二日）<u>36</u>

杭州城对观光者难有诱人之处，马可·波罗所描绘完全夸张之辉煌丝毫无存。但另一方面，在几近延伸其全长西城门外的著名西湖，却丝毫不减其天然美丽，因有此说：

上有天堂，下有苏杭。

西湖周围约 10 英里，有两条堤道 20 英尺宽，将湖分为三块，并把皇帝夏宫所在小岛与岸相接通。皇宫建筑相当宽广，修缮良好，尽管乾隆是在那里住过的最后一位统治者。其他几个小岛有庙堂隐藏在绿叶树丛之中，散布在湖内各处。但湖水甚浅，一般不深过二至三英尺。有几个堤堰调节水流，一有大雨，湖水升高一二英尺，超过日常水平就将淹没各岛，全部开放堤堰则迅速排干全湖。使人更加相信有此可能：西湖是人造湖。

灵隐寺罗汉堂

但中国人强烈反对该种隐示。青葱碧翠美丽群山环绕西湖之北、东和南边的部分，山上或峡谷中交织无数漂亮寺庙，大树成荫，修竹茂林。寺庙中首推灵隐和天竺两寺，均为奉敕而建，其大部也被战乱所毁，仅天竺勉强修复，现用作官方礼仪场所。

——[俄]单尔（P. Von Tanner）：《杭州关十年报告（1896—1901 年）》（1901 年 12 月 31 日）<u>37</u>

在海关档案文献中，对西湖的记载还包括其周边的人文景观雷峰塔与岳王庙。在当时，西湖游览已经成为当地政府主要的税收来源之一。民国时期杭州市政府"为便利游人起见，近在西湖设立游客招待所，竭诚接待，不取费用，游人称便。湖畔原有公园五所，本年又添放一所，任人游览"。<u>38</u>可见，今天杭州西湖的免费开放政策是有

杭州天竺寺

杭州净慈寺

在莫干山避暑的外国人

其历史渊源的。除了西湖外，当时比较有名的自然景观还有适合观赏的钱塘江潮与适合避暑的莫干山。为了方便游客避暑，当地政府专门疏通了从杭州到莫干山的道路，并在拱宸桥到三桥埠之间专门配备了一艘汽船接送旅客前往莫干山。

在人文活动中，当时的外国人对浙江印象最深的就是各种寺院及其佛教活动，

在外国人的印象中，相当多的浙江人对佛事非常虔诚，同时佛事的功能并不仅限于个人，在灾害和瘟疫到来的时候，有组织的宗教活动被用来祈福，而这些活动部分是由官方组织的。同时，与宗教相联系的风水也给来浙外国人留下了深刻的印象。以下是海关档案中对浙江部分宗教活动的记载：

杭州关码头

本年入春以来至夏季气候异常干燥，连沟渠里汲来灌溉农田的水都已抽尽，内河航运已全部告终，连船上人要装点河里淡水也怕农民阻拦而只得偷偷摸摸，因为农民要把水流入自己田里去润田和灌溉枯竭之庄稼。此时，宁波农民到处都去庙里求神赐雨，不但如此，连地方官员也设台点起香烛摆上供品恳求上苍降雨。

——[英]惠达（F. W. White）：《同治十二年（1873年）浙海关贸易报告》（1874年1月31日）[39]

农闲时的妇人（台州海门）

当此疫（霍乱）流行时，那些华人叫做发痧，人心惶惶不可终日。城里几条主要干道路口摆出了桌子，上面又摆满了祭品。此外还有人抬着神像，后面跟着和尚、道士到处巡回游行，走到祭桌前时，就念咒驱鬼，口中念念有辞，借以平息鬼神之怒。这类和尚、道士也和古代西方那些邪神祭司有异曲同工之处。妄想以己之苦来感动上苍和瘟神，是无济于事也。

——[英]马吉（J. Mackey）：《光绪四年（1878年）瓯海关贸易报告》（1879年3月28日）[40]

农家房屋（台州海门）

据说瘟神是主管霍乱的，将他抬在精雕细刻镀金的轿子里，前呼后拥着乐队、旗队、红布金箔的蜿蜒长龙，多人高抬活人造型，步行的和骑马的穿着戏装，望不断的长行人群服饰华丽、图案奇特。这些游行队伍持续好几天，成千上万人从四周乡下几里路外拥至宁波观看，这样对瘟神的膜拜似乎永远不够，但如霍乱病稍有减免，则将一切归功于这种游街的队伍。

——[美]墨贤理（H. F. Merrill）：《浙海关十年报告（1882—1891年）》（1891年12月31日）⁴¹

每年农历二三月，来这一带朝山进香拜佛的人，更是人山人海。仅来此大名鼎鼎寺庙的人每日竟在十万以上，而且一些朝山拜佛者，看来又相当虔诚。这又使我想起欧洲爱尔兰的宗教狂热分子，也是这样严肃认真。

——[英]李士理（S. Leslie）《光绪二十二年（1896年）杭州口华洋贸易情形论略》（光绪二十三年正月初二日）⁴²

杭州的僧侣，在中国这个部分以最为精通世故而闻名（恕我因无更恰当的词而使用此词），他们每年香火收入超过5万银元。几里长街铺上石板条直通寺庙，均为自费建造，大部分香烛纸铺、茶馆和杂货店、沿湖和庙旁均属于庙产。最为兴旺时候是在中国阴历二月、三月。大量香客，估计约有10万至30万拥至杭州寺庙朝拜贡献。多数人属于贫苦阶层，七成为妇女。他们来自浙江全省，也有来自邻省，以20人或30人为一群，乘自有的小木船，花多年时间聚集此行之费用。许多小木船有自己的小乐队，音乐深沉，伴以妇女单调念经，除吃、睡时间外，极少停顿。选择二月和三月朝拜之行是因为在豆田收割前，蚕茧季节尚未开始，稻谷尚未播种，此乃农闲时候。

——[俄]单尔（P. Von Tanner）：《杭州关十年报告（1896—1901年）》（1901年12月31日）⁴³

在海关档案记录中，近代浙江在对待外国人及其活动整体来说"是友好的，或者至少是不偏不倚的。排外运动在本地很少有积极公开的同情者，而仅有一两次曾有过敌意示威游行的担心"。⁴⁴浙江地方与外国人的矛盾更多的是针对具体的事件，比如传统的运河堤坝在汽船行驶中被冲垮，引起附近居民的抗议。"由于河道里水位低，最糟糕的地方是在石门镇大运河的石门湾以及去嘉兴的一段，以往汽艇过此就得绕长道而过。绕道又会惹怒途经之农民、河岸上的居民的不满和抗议，为的是途经汽艇之螺旋桨（推进器）冲击了河水，危及那朽兮兮的堤坝的倒塌，致河水外流，淹没低洼田里。"⁴⁵

海关档案记录了近代浙江妇女缠足、迷信神权的不良习气，"妇女缠足陋习相沿，比比皆是。至于僧庙尼庵之多，温州

19 世纪 70 年代的余姚城

水乡宁波

堪称独步，大街小巷无处蔑有，时见媚神者流，络绎于途，凡遇迎赛神会，莫不倾囊乐助，一无吝啬。即此可见土人之性质与夫迷信神权之诚心也"。[46] 也记录了当时浙江人对于森林保护的重视，"关于本埠境内森林之培植，本地当局曾禁止制炭者因采伐而妨害森林，并令随时栽补新苗，每年于一定日期，更令由学生出外插种幼苗，故本埠附近一带现已有多数小树郁郁成荫矣"。[47] 当时，对于中国的发展前景及投资价值，海关档案记载着这样一段材料：

　　投资在中国安全吗？答案是肯定的。这个古老中国的儒家思想根深蒂固已有悠久的历史，它

是个礼仪之邦，有路不拾遗，夜不闭户之淳朴美德，人民勤俭节约，但有些保守，对突变等既不习惯而又深惧之。

　　——[英]穆和德（R. B. Moorhead）：《光绪六年（1880年）浙海关贸易报告》（1881年3月31日）[48]

水乡戏台

按照时间的先后顺序，翻阅一份份海关报告，从中可以看到近代浙江形象的种种变化，从政府部门的变革到新式交通的铺设，从现代工业的建立到新式学堂的创办，从日益增多的来浙外国人到移民海外的浙江人，无不给当代读者展现出近代浙江在对外开放中，包容百家、充满活力、飞速发展的一面。

富春江风景

MANCHU LADY.　CHINESE YOUTH.　CHINESE LADY.　CHINESE GENTLEMAN.

1884年伦敦国际卫生博览会中国展品目录中的照片

宁波城

甬江

注 释

1　沈惠芬:《晚清海关与国际博览会》,福州:福建师范大学 硕士学位论文,2002 年,第 15 页。

2　沈惠芬:《晚清海关与国际博览会》,福州:福建师范大学 硕士学位论文,2002 年,第 25、28 页。

3　中华人民共和国杭州海关译编:《近代浙江通商口岸经济社会概况:浙海关、瓯海关、杭州关贸易报告集成》,杭州:浙江人民出版社,2002 年,第 169 页。

4　赵莉:《中国舟船船模与早期国际博览会考略(1873—1905)——以哈佛大学图书馆未刊旧海关资料为中心》,《国家航海》,2019 年第 2 期,第 131—141 页。

5　中华人民共和国杭州海关译编:《近代浙江通商口岸经济社会概况:浙海关、瓯海关、杭州关贸易报告集成》,杭州:浙江人民出版社,2002 年,第 8 页。

6　《大鱼赛会》,《申报》1880 年 1 月 27 日。

7　李爱丽、罗家辉:《全球视野下的近代宁波渔业——1880 年柏林渔业博览会上的宁波展品》,《国家航海》2019 年第 2 期,第 90—106 页。

8　《The Fisheries of Ningpo》,载吴松弟整理:《美国哈佛大学图书馆藏未刊中国旧海关史料:1860—1949》(第 219 册),桂林:广西师范大学出版社,2014 年,第 134—139 页。

9　中华人民共和国杭州海关译编:《近代浙江通商口岸经济社会概况:浙海关、瓯海关、杭州关贸易报告集成》,杭州:浙江人民出版社,2002 年,第 8 页。

10　吴松弟:《走向世界:中国参加早期世界博览会的历史研究——以中国旧海关出版物为中心》,《史林》2009 年第 2 期,第 42—51 页。

11　赵莉:《中国舟船船模与早期国际博览会考略(1873—1905)——以哈佛大学图书馆未刊旧海关资料为中心》,《国家航海》2019 年第 2 期,第 131—141 页。

12　中华人民共和国杭州海关译编:《近代浙江通商口岸经济

社会概况:浙海关、瓯海关、杭州关贸易报告集成》,杭州:浙江人民出版社,2002 年,第 685 页。

13　杨荣良:《1915 年美利坚巴拿马——太平洋万国博览会与景宁惠明茶》,《中国茶叶》2012 年第 8 期,第 24—29 页;吴伟:《中国参加巴拿马太平洋万国博览会之研究》,华中师范大学硕士学位论文,2012 年,第 40—41 页。

14　中华人民共和国杭州海关译编:《近代浙江通商口岸经济社会概况:浙海关、瓯海关、杭州关贸易报告集成》,杭州:浙江人民出版社,2002 年,第 705 页。

15　陈君静:《浙江近代海洋文明史(晚清卷)》,北京:商务印书馆,2017 年,第 276 页。

16　中华人民共和国杭州海关译编:《近代浙江通商口岸经济社会概况:浙海关、瓯海关、杭州关贸易报告集成》,杭州:浙江人民出版社,2002 年,第 28 页。

17　中华人民共和国杭州海关译编:《近代浙江通商口岸经济社会概况:浙海关、瓯海关、杭州关贸易报告集成》,杭州:浙江人民出版社,2002 年,第 429 页。

18　中华人民共和国杭州海关译编:《近代浙江通商口岸经济社会概况:浙海关、瓯海关、杭州关贸易报告集成》,杭州:浙江人民出版社,2002 年,第 440 页。

19　中华人民共和国杭州海关译编:《近代浙江通商口岸经济社会概况:浙海关、瓯海关、杭州关贸易报告集成》,杭州:浙江人民出版社,2002 年,第 686 页。

20　中华人民共和国杭州海关译编:《近代浙江通商口岸经济社会概况:浙海关、瓯海关、杭州关贸易报告集成》,杭州:浙江人民出版社,2002 年,第 706 页。

21　中华人民共和国杭州海关译编:《近代浙江通商口岸经济社会概况:浙海关、瓯海关、杭州关贸易报告集成》,杭州:浙江人民出版社,2002 年,第 449 页。

22　中华人民共和国杭州海关译编:《近代浙江通商口岸经济社会概况:浙海关、瓯海关、杭州关贸易报告集成》,杭州:浙江人民出版社,2002 年,第 459 页。

23　温州市档案局(馆)译编:《近代温州疾病及医疗概况:瓯海关＜医报＞译编》,北京:社会科学文献出版社,2018 年,第 33、34 页。

24　中华人民共和国杭州海关译编:《近代浙江通商口岸经济社会概况:浙海关、瓯海关、杭州关贸易报告集成》,杭州:浙江人民出版社,2002 年版,第 686 页。

25　《温州海关志》编纂委员会编著:《温州海关志》,上海: 上海社会科学院出版社, 1996 年, 第 182 页。

26　中华人民共和国杭州海关译编:《近代浙江通商口岸经济社会概况: 浙海关、瓯海关、杭州关贸易报告集成》, 杭州: 浙江人民出版社, 2002 年版, 第 55 页。

27　温州市档案局 (馆) 译编:《近代温州疾病及医疗概况: 瓯海关 <医报> 译编》, 北京: 社会科学文献出版社, 2018 年, 第 104 页。

28　陈君静:《浙江近代海洋文明史 (晚清卷)》, 北京: 商务印书馆, 2017 年, 第 277 页。

29　中华人民共和国杭州海关译编:《近代浙江通商口岸经济社会概况: 浙海关、瓯海关、杭州关贸易报告集成》, 杭州: 浙江人民出版社, 2002 年版, 第 68 页。

30　中华人民共和国杭州海关译编:《近代浙江通商口岸经济社会概况: 浙海关、瓯海关、杭州关贸易报告集成》, 杭州: 浙江人民出版社, 2002 年版, 第 78 页。

31　中华人民共和国杭州海关译编:《近代浙江通商口岸经济社会概况: 浙海关、瓯海关、杭州关贸易报告集成》, 杭州: 浙江人民出版社, 2002 年版, 第 717 页。

32　温州市档案局 (馆) 译编:《近代温州疾病及医疗概况: 瓯海关 <医报> 译编》, 北京: 社会科学文献出版社, 2018 年, 第 3 页。

33　胡丕阳、乐承耀:《浙海关与近代宁波》, 北京: 人民出版社, 2011 年, 第 267—273 页。

34　中华人民共和国杭州海关译编:《近代浙江通商口岸经济社会概况: 浙海关、瓯海关、杭州关贸易报告集成》, 杭州: 浙江人民出版社, 2002 年, 第 717 页。

35　《马可·波罗游记》是公元十三世纪意大利商人马可·波罗记述他经行地中海、欧亚大陆和游历中国的长篇游记。马可·波罗是第一个游历中国及亚洲各国的意大利旅行家。他依据在中国十七年的见闻, 讲述了令西方世界震惊的一个美丽的神话。《十六世纪中国南部行纪》包括三篇葡萄牙人和西班牙人在 1550—1575 年访问中国南部的报道, 包括: 葡萄牙人伯来拉的《中国报道》、葡萄牙人克路士《中国志》、西班牙人拉达《出使福建记》及《记大明的中国事情》。

36　中华人民共和国杭州海关译编:《近代浙江通商口岸经济社会概况: 浙海关、瓯海关、杭州关贸易报告集成》, 杭州: 浙江人民出版社, 2002 年, 第 723 页。

37　中华人民共和国杭州海关译编:《近代浙江通商口岸经济社会概况: 浙海关、瓯海关、杭州关贸易报告集成》, 杭州: 浙江人民出版社, 2002 年, 第 656 页。

38　中华人民共和国杭州海关译编:《近代浙江通商口岸经济社会概况: 浙海关、瓯海关、杭州关贸易报告集成》, 杭州: 浙江人民出版社, 2002 年, 第 825 页。

39　中华人民共和国杭州海关译编:《近代浙江通商口岸经济社会概况: 浙海关、瓯海关、杭州关贸易报告集成》, 杭州: 浙江人民出版社, 2002 年, 第 155 页。

40　中华人民共和国杭州海关译编:《近代浙江通商口岸经济社会概况: 浙海关、瓯海关、杭州关贸易报告集成》, 杭州: 浙江人民出版社, 2002 年, 第 477 页。

41　中华人民共和国杭州海关译编:《近代浙江通商口岸经济社会概况: 浙海关、瓯海关、杭州关贸易报告集成》, 杭州: 浙江人民出版社, 2002 年, 第 28 页。

42　中华人民共和国杭州海关译编:《近代浙江通商口岸经济社会概况: 浙海关、瓯海关、杭州关贸易报告集成》, 杭州: 浙江人民出版社, 2002 年, 第 723 页。

43　中华人民共和国杭州海关译编:《近代浙江通商口岸经济社会概况: 浙海关、瓯海关、杭州关贸易报告集成》, 杭州: 浙江人民出版社, 2002 年, 第 656 页。

44　中华人民共和国杭州海关译编:《近代浙江通商口岸经济社会概况: 浙海关、瓯海关、杭州关贸易报告集成》, 杭州: 浙江人民出版社, 2002 年版, 第 8 页。

45　中华人民共和国杭州海关译编:《近代浙江通商口岸经济社会概况: 浙海关、瓯海关、杭州关贸易报告集成》, 杭州: 浙江人民出版社, 2002 年版, 第 759 页。

46　中华人民共和国杭州海关译编:《近代浙江通商口岸经济社会概况: 浙海关、瓯海关、杭州关贸易报告集成》, 杭州: 浙江人民出版社, 2002 年版, 第 589 页。

47　中华人民共和国杭州海关译编:《近代浙江通商口岸经济社会概况: 浙海关、瓯海关、杭州关贸易报告集成》, 杭州: 浙江人民出版社, 2002 年版, 第 625 页。

48　中华人民共和国杭州海关译编:《近代浙江通商口岸经济社会概况: 浙海关、瓯海关、杭州关贸易报告集成》, 杭州: 浙江人民出版社, 2002 年, 第 236 页。

结 语

近代浙江的开放和发展是中国从传统向现代转型的一个缩影。作为当时外国人主导的浙江沿海新关，其编写的年度海关报告和十年报告从外国人的视角展现了近代浙江发展的脉络。从旧海关档案中，可以看到近代浙江的发展经历了从吸收、融合到渐变的三个阶段。

宁波开埠后，西方商品在浙江的销售并不是很顺利，除了交通条件的限制和上海港的崛起外，另一个不可忽视的因素就是浙江金融市场的强大使得外国人在浙江的商品销售无利可图，进而纷纷转到上海。这一情形直到19世纪60年代浙海新关成立后才慢慢得以改善。跟随西方商品而来的不仅仅是外国人，还有西方的工业、科技、医疗与教育。依海为生的浙江群体在面对新鲜事物的态度上，并未多受传统封建思想的禁锢，而以商人和部分士大夫群体为代表的浙江各阶层开始主动了解西方。在学习西方知识的中国知识分子中，有相当一部分来自浙江。而以宁绍商帮为核心的浙江商人群体也从传统的沙船业、典当业等开始涉足现代航运、工业和电信等行业，为浙江从传统向现代的转型奠定了经济基础。

近代浙江在逐步地对外开放和吸收西方现代科技、工业和管理模式的同时，并没有完全抛弃固有的传统模式。以浙江新式海关为例，其顶层设计和内部运转都遵循西方模式，但在基层的关产维护、关税征收上，并未完全脱离中国传统的经济发展轨迹。与其他中国政府部门不同的是，浙江沿海新式海关的运行体系其实是双轨制——在中国传统的海关官僚体系中，主要雇佣外国人的新式海关税务司处理西方商船和商品进口所产生的问题，而基层的海关税务征收与关税管理仍以大量的中国雇员为主，旧式的税务征收体系仍发挥一定的作用。如果与其他西方国家相比较，近代由外国人帮办税务的中国新式海关仍具有浓厚的传统特征。

传统文化一直是中国士大夫引以为傲的领域，这也使得近代浙江在主动接受西方技术的同时，对其文化认同比较缓慢。直到19世纪末期，第一批接受现代西方教育成长起来的浙江知识分子在逐渐认识西方的过程中才开始积极地传播西方各种文化理念，包括博览会对商品的宣传、对公共卫生知识的认知等。在文化传播的过程中，近代浙江海关发挥了重要的作用，浙江参加的世界博览会大多数是由海关承担展品的收集和参展组织工作的，而浙江第一家现代意义上的防疫与接种机构也是海关创办的。同时，海关档案中还保留了大量当时自然风貌和人文活动的文献记载，在这些记载中，都能让读者感受到浙江文化从传统到现代的渐变。与传统的浙江文化相比，经历近代中西交汇的浙江新文化构成了当代"浙学"的基础。

接触—吸收—转变，浙江近代发展的三个阶段，在对中国旧海关档案的细细品味中可以清晰地体会到。面对异域事物的冲击，近代浙江社会各阶层在经历一段时期的不适后，以积极的心态去面对"数千年未有之大变局"，主动求变，在中国的近代革新进程中留下了浓厚的浙江记忆。

后记

　　本书所列档案文献、资料和配图主要利用了浙江省档案馆馆藏的旧海关档案作为基础，并参考了相关旧海关史料出版物以及宁波市档案馆、温州市档案馆的部分馆藏档案史料。在本书的编写过程中，编写组邀请相关专家对全书的框架和具体编纂方式进行了多次探讨、调整，并不断改善。期间，有幸邀请到复旦大学中国历史地理研究所的吴松弟教授为本书作序；浙江外国语学院的赵伐老师在提供部分旧海关史料和翻译方面给予了大力支持；宁波大学人文学院白斌老师对浙江近代海洋史的研究成果给予积极吸收；中国第二历史档案馆的海关史专家杨智友审阅了全书书稿，并提出了重要修改意见。国家图书馆出版社为本书的出版提供了极大的支持，在此一并致谢！

　　由于编辑时间仓促，加之对馆藏海关档案的研究甚为疏浅，本书难免存在片面和错讹之处，敬请广大读者给予理解和指正。

编者

2020 年 12 月

旧海关档案中的浙江记忆